친절한 한국사 1
선사 시대부터 삼국 통일 시대까지

초판 1쇄 발행　2023년 2월 10일
초판 2쇄 발행　2023년 12월 15일

지은이　노하선
감　수　윤병훈 황재연
펴낸이　한승수
펴낸곳　하늘을나는교실

편　집　박일귀
마케팅　박건원
디자인　디자인우디, 박소윤

등록번호　제395-2009-000086호
주　소　서울특별시 마포구 동교로 27길 53 지남빌딩 309호
전　화　02 338 0084
팩　스　02 338 0087
E-mail　hvline@naver.com

I S B N　978-89-94757-55-1 (74900)
　　　　　978-89-94757-54-4 (세트)

* 이 책에 대한 번역·출판·판매 등의 모든 권한은 하늘을나는교실에 있습니다.
간단한 서평을 제외하고는 하늘을나는교실의 서면 허락 없이 이 책의 내용을
인용·촬영·녹음·재편집하거나 전자문서 등으로 변환할 수 없습니다.

* 책값은 뒤표지에 있습니다.
* 잘못된 책은 구입처에서 교환해 드립니다.

어린이제품안전특별법에 의한 제품 표시
제조자명 하늘을나는교실 | **제조년월** 2022년 6월 | **제조국** 대한민국 | **사용연령** 6세 이상 어린이 |
제품 주소 및 연락처 서울시 마포구 동교로 27길 53 지남빌딩 309호 (02)338-0084

초등학생을 위한
친절한 한국사 ①
선사 시대부터 삼국 통일 시대까지

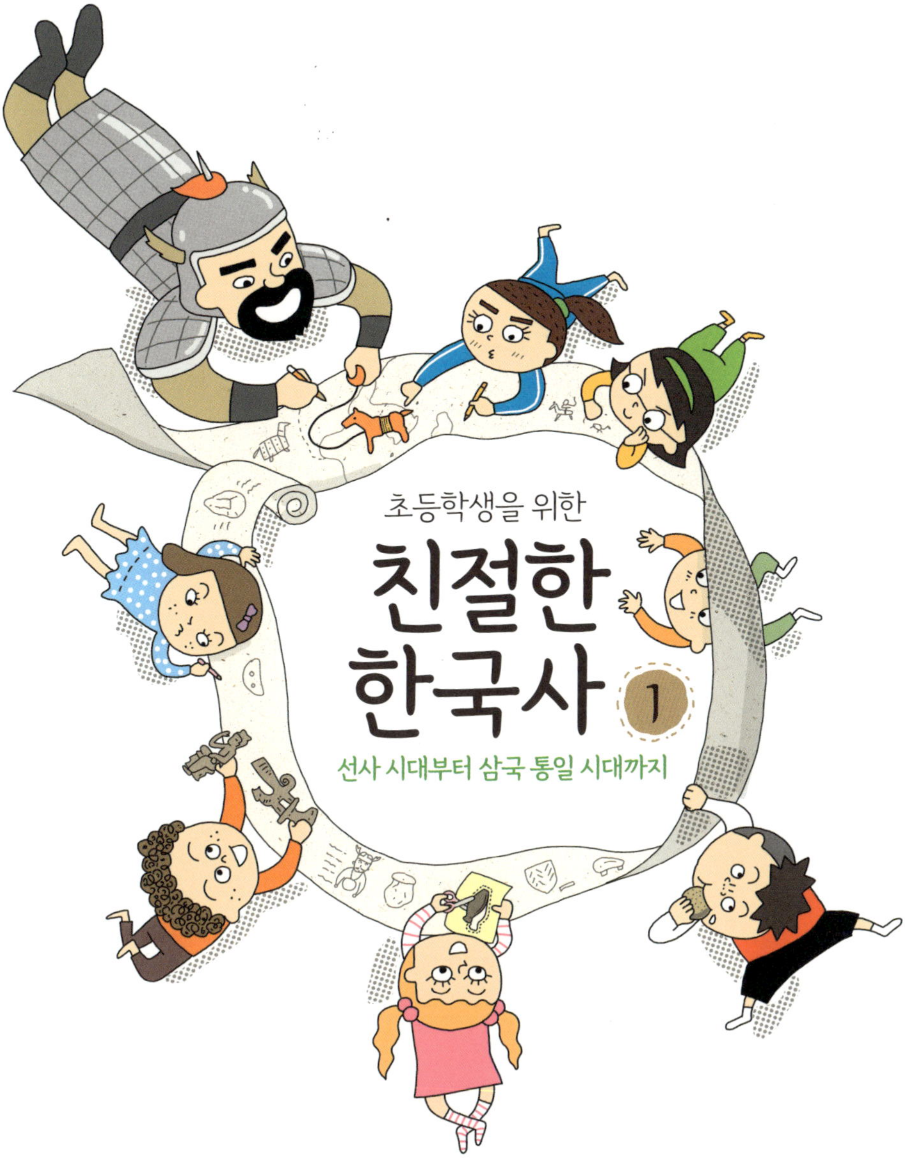

초등학생을 위한
친절한 한국사 ①

선사 시대부터 삼국 통일 시대까지

글 노하선 | 감수 윤병훈·황재연 | 그림 우디크리에이티브스

냉장고에 붙여 놓은 한국사

지금은 잘 안 쓰지만 암기 과목이란 말이 있습니다. 교과목 가운데 외워야 하는 과목을 이르는 말이죠. 시험을 위해 달달 외워야 하니, 억지로 먹는 음식처럼 느꼈을 사람 많았을 거예요. 그 대표적 과목이 한국사였어요.

그렇게 한 공부니 머리에 잘 들어오지도 않고 용케 외웠다 하더라도 얼마 안 가 기억이 가물가물. 연대며 인물들, 사건들이 얽히고설킨 걸 외워서 익히려 하니 그럴 밖에요.

21세기, 아이들에게 한국사는 지금도 그런 과목입니다. 그렇다고 한국사를 제쳐 놓자니 성적보다 중요한 의미가 있어 마음이 놓이질 않죠.

역사는 사회의 기록이고 개인에게 있어 기억과도 같잖아요. 기억을 잃으면 자신에게 일어난 일을 모르니 자신이 누구인지도, 자신과 세상의 관계도 알 수 없죠. 따라서 자기 눈앞에서 벌어지는 일을 이해하지 못할 테고 갑자기 시력을 잃은 사람처럼 한 발자국도 나아가지 못할 거예요.

역사 역시 마찬가지입니다. 자신이 발 딛고 있는 지금의 우리 사회가 지나온 시간들을 모르니, 지금 나타나고 있는 사회 현상을 이해하지 못하고, 앞으로 어떻게 사회가 변할지 도통 알 수가 없겠죠.

대충 남들 따라 사는 게 아니라, 미래를 보고 앞서 나가는 아이로 키우려면 한국사 공부는 꼭 필요합니다.

그래서 고민했습니다. 무작정 외우기말고, 이해하고 느끼고 상상할 수 있는 한국사 공부, 어떻게 가능할까?

그러다 문득 생각했어요. 아이가 어릴 적 한글을 익히려 집안 사물에 이름 적힌 스티커를 붙여 놓잖아요? 냉장고 문엔 '냉장고', 의자 위엔 '의자', 텔레비전 옆엔 '텔레비전' 이렇게 말이에요. 생활하면서 자연스럽게 한글을 익히게 한 거죠.

그래서 한국사도 그렇게 해 보았습니다. 일상생활 곳곳에 한국사를 붙여 놓는 식이죠.

경주 김씨 파래가 랩을 하면서 김유신을 소환하고, 아이들이 둘러앉아 만두를 빚다 말고 고려의 왕들을 줄줄이 불러냈죠. 또 점심 간식으로 떡볶이, 어묵, 라면 가운데 무얼 먹을까 실랑이하다 후삼국 통일의 장면을 떠올렸어요.

태권소녀 시루를 아내로 맞겠다는 까불이 파래의 엉뚱한 사랑 고백에서는 공민왕과 노국대장공주가 등장하고요. 정조대왕과 마주앉아 소갈비를 구워먹었다는 마토의 얼토당토 않은 지난 주말 이야기에서는 정약용이 거중기로 수원화성을 쌓아올립니다.

이렇듯 역사적 인물과 사건이 일상생활을 통해 현설로 친근하게 다가옵니다. 당연히 역사적 상황에 대한 이해가 쉬워지고 이걸 바탕으로 '지금 나라면?' '만약 이렇게 바꾸어 본다면?' 하며 이런저런 상상도 해볼 수 있게 되죠. 암기라는 공부 방식에서는 엄두도 못 내던, 역사적 상상력이 가능해집니다.

이 책을 통해 역사를 공부가 아닌 여행이나 놀이처럼 즐거운 일로 만들어 보세요. 책 속 등장인물들처럼 음식도 함께 만들어 보고 학교 앞 분식집도 가보면 어떨까요? 역사 속 인물들을 떠올리면서 말이죠. 날씨가 좋으면 전철이나 버스를 타고, 살고 있는 지역의 유적지나 박물관을 가보는 것도 좋겠어요. 물론 맛있는 도시락은 기본이겠죠. '역사가 이렇게 재미있는 거였어!' 하고 새삼 놀라실 거예요.

봄날을 만들어준 사람들의 모든 노고에 감사드리며
우더크리에이티브스 노하선

차례

1부
역사의 첫 물꼬를 트다

구석기 시대 사람들의 생활　　12

신석기 시대 사람들의 생활　　28

청동기 시대 사람들의 생활　　52

우리 민족 최초의 국가인 고조선　　70

2부 삼국과 가야

대륙을 호령한 동북아시아 최고의 군사 강국, 고구려　104

아름답고 섬세한 예술의 나라, 백제　142

경상남도 지역을 지배한 철의 나라, 가야　170

삼국을 통일한 최후의 승자, 신라　230

지역아동센터 꿈틀

서울시 강북구 희망동 산173번지에 낡은 단독주택을 개조해 만든 지역아동센터로 아이들의 공부방이자 놀이터이다. 자원봉사 선생님들은 아이들의 부족한 공부나 숙제를 도와주고, 어울려 뛰어놀기도 한다. 꿈틀이란 이름은 아이들의 꿈이 구체적인 모양새를 갖도록 만들어준다는 뜻이기도 하고, 희망이 꿈틀꿈틀댄다는 의미도 가지고 있다.

센터장 민주식

정의감에 불타는 열혈 노총각으로 강도를 맨손으로 때려잡아 경찰서에서 상을 받기도 하였다. 스스로 돈을 마련해 지역아동센터를 열어 어른들의 보살핌이 필요한 아이들을 돌본다. 아이들과 노는 것을 지나치게 좋아해서 종종 면학 분위기를 해치는데 그때마다 빡쌤에게 핀잔을 듣는다. 하지만 그때뿐이다.

똑똑이 목은지

아이큐 150의 천재 소녀로 하나를 가르치면 열을 안다. 초등학교 선생님이 꿈이어서 저학년 아이들을 모아서 가르치기도 한다. 두루두루 아는 게 많은데 특히 한문학자인 할아버지의 영향으로 한자에 도통하다.

빡쌤 고아람

한국대학교 역사학 시간 강사로 우리 역사를 바로 잡겠다는 사명감에 불타는 역사학자이다. 대학 선배인 민주식 센터장의 권유로 지역아동센터 꿈틀에서 아이들에게 한국사를 가르친다. 민주식을 몰래 좋아하지만 그저 잔소리로 관심을 나타낼 뿐이다. 자신의 짝사랑을 들키지 않으려 노력하지만 아이들의 의심을 받고 허둥댄다.

먹보 도마토

삼겹살집 주인이 꿈으로 언제나 무언가를 우물거린다. 먹을 게 없을 땐 음식 먹는 걸 상상하며 시간을 보낼 정도로 먹보이다. 한국사를 공부할 때도 식문화에 특히 관심을 보인다. 많이 먹는 만큼 힘도 세서 센터장 민주식 선생님과 팔씨름을 해서 이길 때가 있을 정도.

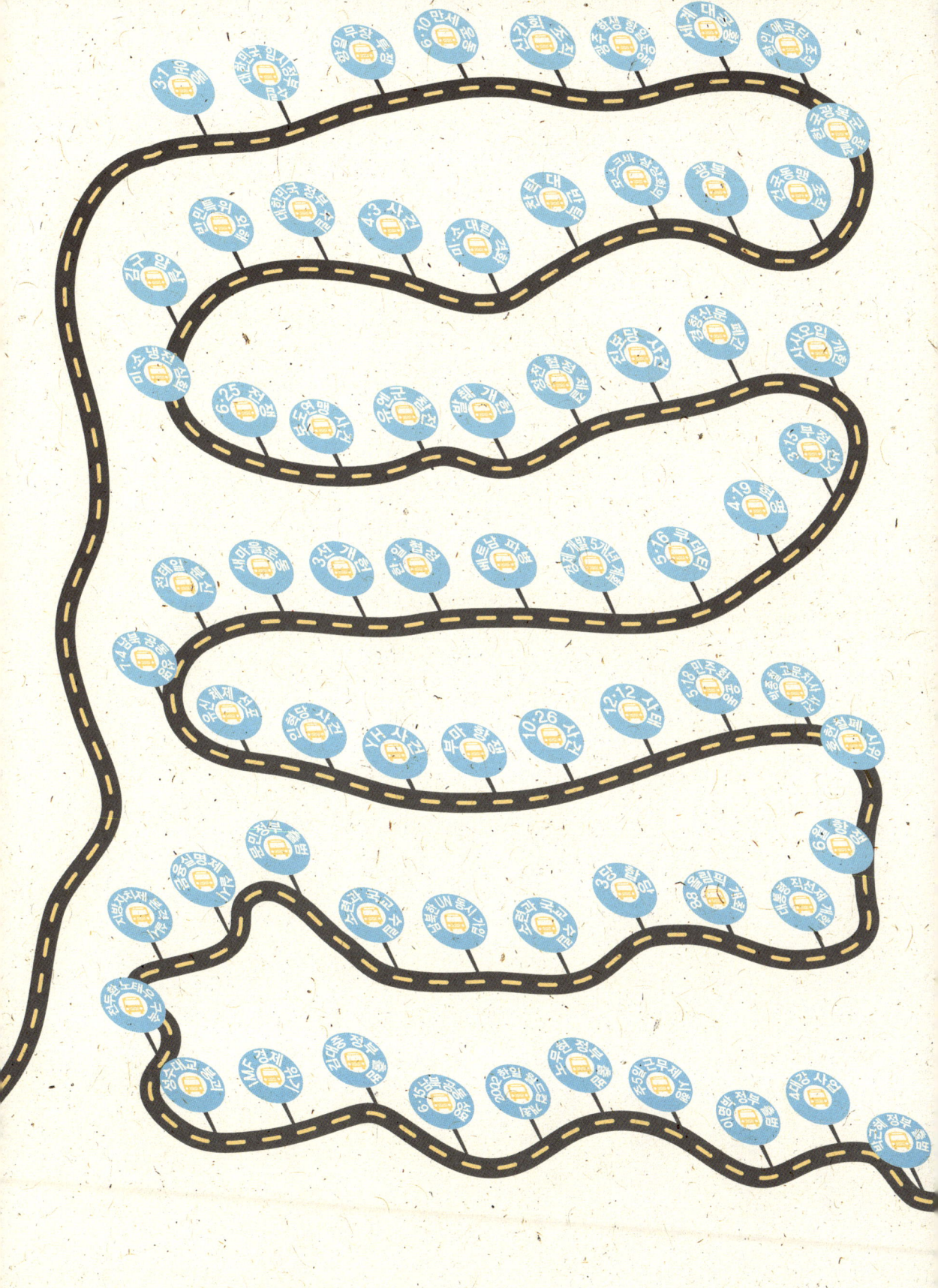

구석기 시대 사람들의 삶

인류의 조상은 두 발로 서게 되면서 두 손이 자유로워지고 머리도 똑똑해졌지만 세상은 여전히 두려운 곳이었어. 발길 닿는 곳마다 사나운 맹수들이 우글거렸거든. 그들은 언제나 주변을 불안한 시선으로 두리번거리며 식물의 열매나 뿌리를 찾아 헤맸지. 그들에겐 날카로운 이빨이나 발톱이 없었고 빠른 발도 없었어. 하지만 날카로운 돌이 맹수의 이빨이나 발톱과 같은 역할을 한다는 걸 알게 되었고, 또 돌과 돌을 부딪쳐 그것을 만들 수 있다는 것도 깨달았지. 물론 그렇다고 해서 사자나 호랑이를 일대일로 상대할 순 없었어. 그래서 그들은 함께 힘을 모았어. 뿌리를 캐랴 허리를 숙일 땐 무리 중 하나는 똑바로 서서 주변을 경계했지. 토끼나 사슴

구석기 시대
약 70만 년 전

을 사냥할 땐 서로 작전을 짜서 몇 사람은 몰고 몇
사람은 숨어 있다 기습했어. 그들은 서로가 얼마나
소중한 존재인지 알았어. 어느 누구도 다치거나 죽
지 않도록 서로를 보호하고 배가 고파도 먹을 것을 나눠
먹었지. 처음 돌로 도구를 만든 구석기인들을 짐승이 아닌
인간으로 보는 건 손기술 때문만은 아닐 거야. 상대방에 대한 배려와
연민이 그들을 인간으로 만든 조건이 아닐까 생각해. 물론 그러한 감
정은 생존을 위한 필요에 의해 생겼지. 그러나 점점 생존욕과는 다른
인간만의 특성으로 자리 잡았어. 인류는 서로가 서로를 감싸 주며, 아
프리카에서 유럽과 아시아, 그리고 시베리아와 아메리카까지 온갖 위
험을 이겨 내며 퍼져 나갔어. 한반도에 뿌리를 내린 구석기인들도 마
찬가지였을 거야. 구석기인들의 삶을 공부하며 도구, 언어, 불의 사용
같은 겉으로 보이는 인간의 조건뿐만 아니라 그들의 가슴 속에서 동물
과는 다르게 싹트기 시작한 인간다움을 생각해 보았으면 좋겠어.

신석기 시대
기원전 8000년경

청동기 시대
기원전 2000년경

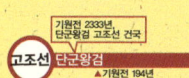

"와아아아!"

쿵쾅쿵쾅! 우르르!

고아람 선생님이 지역아동센터 꿈틀의 문을 열었을 때, 방 안에 갇혀 있던 온갖 소음과 아우성이 폭죽 터지듯 한꺼번에 쏟아져 나왔다.

여덟 명 정도가 둘러앉을 수 있는 앉은뱅이 탁자 위를 다이빙 대 삼아 번갈아 올랐다 뛰어내렸다 하는 아이들, 바닥에 벌렁 누워 책을 보는 아이들, 도망가고 왜 쫓아가는지 이유도 모른 채 서로 쫓고 쫓기는 아이들.

자원봉사로 한국사를 가르치러 온 고 선생님을 아이들이 발견한 것은 한참이 지나서였다.

"어, 빡쌤이다!"

빗자루로 말을 타듯 뛰어다니던 파래가 고 선생님을 알아보고는 큰 소리로 외쳤다. 놀이에 빠져 정신이 없던 아이들의 시선이 고 선생님에게로 한꺼번에 쏠렸다.

잠시 뒤 아이들이 하나둘 앉은뱅이 탁자에 둘러앉았다. 말똥말똥한 눈으로 고 선생님의 얼굴을 쳐다보았다. 아이들을 보던 고 선생님은 그만 픽 하고 웃음을 터뜨렸다. 얼마나 신나게 놀았는지 이마가 땀으로 젖어 머리카락이 납짝 달라붙어 있었기 때문이다.

"그런데 파래, 너 나한테 빡쌤이라고 하던데 그거 무슨 뜻이야?"

고 선생님의 물음에 파래가 머리를 긁적이며 대답했다.

"박사 선생님을 줄여서 우리끼리 빡쌤이라고 불러요."

"그래? 음, 빡쌤이라. 빡세다. 그 이름 뭔가 힘들고 어려운 느낌이 드는

데……. 내가 가르쳐 주는 한국사가 그렇게 어렵고 힘들었니?"

"아니요. 정반대로 아주 재미있어요."

"그렇다면 다른 이름으로 불러 주면 안 될까?"

고 선생님의 부탁에 아이들은 천장의 형광등을 보며 눈동자를 굴렸다. 그 중 은지가 진지한 얼굴로 입을 열었다.

"그럼 고 선생님을 줄여서 고쌤이라고 하면 어떨까요?"

아이들은 은지가 말한 '고쌤'이란 단어를 되뇌었다. 남자아이들이 "고것 쌤통의 준말인가? 크크크." 하며 키득거렸다. 여자아이들도 "고생문이 훤하다 할 때 그 고생문 같지 않아? 고쌤, 고생문."이라고 하며 서로 고개를 끄덕거렸다.

고 선생님은 짐짓 헛기침을 몇 번 했다.

"흠흠, 됐다. 쌤통 고생문으로 불리느니, 아까 그 이름이 낫겠어. 그냥 빡쌤이라고 불러라."

"예, 빡쌤!"

아이들이 큰 소리로 '빡쌤'을 외치자 고 선생님은 눈을 찌푸리며 웃었다. 그렇게 고 선생님은 지역아동센터 꿈틀에서 빡쌤으로 불렸다.

한국사를 전공하고 대학에서 강사로 일하는 빡쌤을 꿈틀로 이끈 사람은 센터장 민주식 선생님이었다. 빡쌤의 대학 선배인 민 선생님이 아이들에게 한국사 교육이 꼭 필요하다고 생각해 빡쌤에게 한국사 교육 자원봉사를 부탁했던 것이다.

지난주 수요일 첫 한국사 수업이 있었고 이번에 두 번째 시간이 돌아왔다.

똑바로 서서 주먹도끼와 불을 들고 말하다

"자, 오늘 한국사 공부는 이 사진을 보면서 시작하자."

빡쌤은 가져온 태블릿 컴퓨터를 탁자 위에 올려놓고 사진 한 장을 열어 보였다. 아이들은 탁자에 팔꿈치를 대고 우르르 태블릿 컴퓨터로 머리를 들이밀었다. 사진은 모서리가 날카롭게 벼리어진 돌멩이였다.

"이게 뭘까?"

"돌멩이요."

"맞아. 그런데 자세히 봐. 돌멩이가 어떻지?"

"날카로워요."

"어떻게 이렇게 되었을까?"

"깨져서 그렇게 되었겠죠."

"그렇지. 그런데 그냥 깨진 게 아니라 누군가 일부러 깨뜨려서 날카롭게 만든 거야."

"누가요?"

주먹도끼
구석기 시대에 사용된 뗀석기 가운데 하나로. 손에 쥐고 도끼처럼 사용할 수 있었어..

"그게 누구냐 하면, 바로 구석기 시대 사람들이지. 너희 구석기 시대 아니?"

"알아요. 매머드를 사냥하던 원시인이 살던 때예요."

"정답! 바로 그 구석기 시대 사람들이 돌의 모서리를 다른 돌로 내리쳐서 깨뜨려 만든 것이 바로 이 돌멩이야. 이름은 주먹도끼라고 해. 구석기 시대 사람들에게 이 주먹도끼는 맥가이버 칼과 같은 거였어."

"에이, 이런 돌멩이가 무슨……."

"아주아주 옛날인 구석기 시대에는 현재 우리가 사용하고 있는 수많은 도구가 하나도 없었어. 고작 해야 돌이나 나뭇가지가 전부였지. 그러다가 돌멩이를 깨뜨리면 날카롭게 된다는 사실을 알게 되었어. 그래서 돌의 귀퉁이를 깨서 떼어 내 쓸모 있게 만들었단다. 이렇게 만든 돌로 된 도구라 해서 '뗀석기'라고 불러. 뗀석기 가운데 이 주먹도끼는 아주 쓸모가 많았어. 사냥을 할 때도 쓰고, 고기를 먹기 좋게 자르기도 하고, 땅을 팔 때도 썼지. 또 가죽을 잘라 옷을 만들 때도 사용했고. 어때, 이 정도면 맥가이버 만능 칼에 비할 만하지?"

빡쌤의 설명에 주먹도끼를 단순한 돌멩이로만 생각하던 아이들은 일제히 고개를 끄덕였다.

"이렇게 도구를 만들어 쓰면서 비로소 인간은 다른 동물들과 다른 존재가 될 수 있었던 거야. 동물에서 벗어나 인간이 될 수 있었던 게 무엇 때문이라고?"

"도구를 만든 거요."

"자, 그런데 도구를 만들 수 있었던 이유가 있어. 도구를 만드는 데 사용되는 신체 부위가 어디지?"

"손이요."

"인간은 네 발로 걷지 않고 두 발로 걷게 되면서 앞발이 자유로워졌어. 이 앞발이 바로 손이 된 거지. 똑바로 서서 걷게 되면서 인간이 될 수 있었던 거야. 그럼 인간이 될 수 있는 또 다른 조건은 무엇이 있을까?"

"말을 할 수 있어요."

"맞아. 목소리에 구체적인 뜻을 담아 주고받을 수 있는 생명체는 인간밖에 없으니 언어 사용은 인간의 중요한 조건이지. 또 다른 건 없을까?"

여러 가지 뗀석기

긁개

동물 가죽을 벗기는 데 쓰는 거야. 돌을 서로 부딪쳐 떨어져 나온 돌조각으로 만들지.

찍개

사냥, 나무 자르기 등 초기 구석기 시대에 많이 썼어. 큰 돌의 모서리 부분을 떼어 내서 만들어.

슴베찌르개

주먹도끼처럼 생겼지만 크기가 작으면서 앞부분은 뾰족하고 뒷부분은 좁고 길어. 뒷부분을 자루와 연결해 창을 만들었어. 자루 길이만큼 사람의 팔이 길어지는 효과가 있어서 동물의 날카로운 이빨이나 발톱으로부터 자기 몸을 좀 더 안전하게 지킬 수 있었지. 자루와 연결하기 위해 좁고 길게 만든 부분을 슴베라고 해.

슴베

밀개

긁개처럼 동물 가죽을 다듬는 도구야. 그러나 긁개보다 덜 날카롭게 만들어서 조금 더 부드럽게 가죽을 손질할 때 썼어. 주로 가죽 옷을 만들 때 사용했다고 해.

아이들은 고개를 갸웃거릴 뿐 대답을 하지 못했다.

"동물들은 근처에도 못 가지만 인간은 자유롭게 다루는 게 있는데, 뭘까? 음, 라면을 끓일 때 쓰는 건데."

"냄비?"

"땡!"

"아하, 불이요."

"딩동댕! 인간이 동물과 비슷한 생활을 하던 먼 옛날엔 인간도 불을 무서워했어. 그러다가 어느 추운 날 불이 난 곳을 지나다 보니 따뜻하다는 걸 느꼈지. 또 불에 타 죽은 동물의 살코기는 맛도 좋았고 소화도 잘 되었어. 게다가 불을 펴 놓으면 사나운 동물들이 접근하지 못했지. 추위를 피할 수 있게 해 주고, 고기를 맛과 영양이 풍부하게 만들어 주며, 산짐승으로부터 지켜 주는 불. 불을 다룰 줄 알게 되면서 인간은 동물과는 다른 삶을 살게 되었지."

"제가 고기를 구워 먹는 걸 좋아하는 이유도 인간이기 때문이군요?"

마토가 입맛을 다셨다. 마토의 말에 아이들도 모두 고개를 주억거렸다.

"그렇다고 할 수 있지. 이처럼 구석기 시대는 인간이 동물에서 벗어난 시기야. 똑바로 서서 걷고, 그렇게 해서 손을 사용하게 되고, 손으로 도구를 만들고, 불을 다룰 줄 알고, 또 모여 살며 서로의 뜻을 전하는 말을 하고 말이지. 그럼 구

오스트랄로피테쿠스 복원 모형
가장 오래된 사람의 화석을 복원한 모형이야. 오스트랄로피테쿠스란 '남쪽 원숭이' 란 뜻인데, 현재 우리 모습과는 많이 다르지? 오늘날 인간의 모습이 되기까지는 많은 시간이 걸렸어.

인간의 진화 과정
인간은 똑바로 서서 걸으면서 손이 자유로워졌고 그 손으로 도구를 만들었어. 도구의 사용은 인간이 자연의 구속으로부터 자유로워지는 계기가 되었지.

석기 시대 사람들은 어디서 살았을까?"

동굴에서 동굴로 옮겨 다니며 살다

"그건 쉽죠. 원시인 영화를 보면 동굴에서 살던데요?"

"맞아, 열 명 안팎의 사람이 동굴이나 바위 그늘에서 모여 살았어. 특히 동굴은 비바람을 막아 줄 훌륭한 보금자리였지. 그때 사람들은 집을 만드는 기술이 없었거든. 설령 기술이 있더라도 집을 짓진 않았을 거야."

구석기 시대 사람들의 생활

"기술이 있는데 왜 집을 안 지어요?"

빡쌤의 말에 아이들은 고개를 갸웃거렸다.

"왜냐하면 말이지. 구석기 시대 사람들은 이동 생활을 했거든. 쉽게 말해서 이러저리 옮겨 다니며 살았다는 거야."

"왜 힘들게 돌아다니며 살아요. 우리 엄마는 이사라면 지긋지긋하다고 그러시던데."

"먹을 것 때문이지. 그때 사람들이 먹을 걸 얻는 방법은 채집, 수렵, 어로였어. 좀 어려운 단어지. 쉽게 말하면 채집은 식물의 뿌리를 캐고 열매를 따먹는 것이고, 수렵은 동물을 사냥하는 거야. 어로는 물고기를 잡아먹는 거고. 구석기 시대 사람들은 먹을 게 많은 곳을 찾아내면 그곳에 자리를 잡았어. 하지만 계속 먹어 치우다 보면 먹을 게 동이 나겠지. 그러면 먹을 걸 찾아 다시 다른 곳으로 떠났어. 그러니 공들여 집을 지을 필요가 없는 거야. 어차

단양 금굴
충청북도 단양에 있는 가장 오래된 구석기 문화 유적으로 당시 사람들이 살았던 흔적이 남아 있어.

피 버리고 떠날 테니까. 물론 전혀 집을 짓지 않은 건 아닌데, 동굴이 없으면 나뭇가지를 대충 맞대서 밤이슬을 피하기도 했어. 이걸 막집이라고 해. 집이라곤 하지만 얼마나 형편없으면 대충 막 지었다고 해서 막집이라고 했겠니."

이 말에 아이들의 웃음보가 터졌다.

"크크크, 막집이라니! 막 지어서 막집!"

"그러니까 구석기 시대 사람들은 집을 짓지 않고 동굴에서 살았다는 거야. 제대로 비바람을 피하고 쉴 수 있는 곳은 동굴이 유일했어. 살기 힘들었지. 하지만 구석기 시대 사람들은 나름대로 행복했을 거야. 저녁이면 동굴에 모여 채집해 온 식물 뿌리나 열매를 먹고, 어쩌다 운이 좋으면 고기를 불에 구워 사이좋게 나누어 먹었지. 누군 더 먹고 누군 덜 먹는 게 아니었어. 아주 평등하게 먹을거리를 나누었지. 식사를 마치면 불 주위에 둘러앉아 하루 동안 있었던 일을 이야기하기도 하고 동굴 벽이나 동물 뼈에 멋진 조각을 새기기도 했단다. 어때, 구석기 시대 사람들의 행복한 저녁 시간이 상상되니?"

"구석기 시대에는 마토 같은 욕심꾸러기가 없었나 봐요?"

시루의 말에 마토가 주먹을 들어올렸다.

"내가 왜 욕심꾸러기야? 전에 너한테 햄버거 한 입 준 거 생각 안 나?"

시루와 마토가 옥신각신하자 아이들이 낄낄거리며 웃어 댔다.

"구석기 시대라고 해서 더 먹고 싶은 마음이 없었겠니? 다만 하나의 무리를 이룬 사람들이 종일 구할 수 있는 식량은 겨우 한 명 먹을 양밖에 안 되었어. 즉 누군가 더 먹으면 다른 한 사람이 굶을 수밖에 없는 거야. 그래서 굶어 죽는 사람이 생기면 매머드나 멧돼지 같은 큰 짐승을 사냥할 때 실패할 확률이 높아지지. 사람이 모자라니까. 따라서 같이 사는 사람끼리 서로 의지하며 아껴야 했지."

"그러면 먹을 것이 많아지면 욕심꾸러기가 생기고 평등한 관계도 깨지나요?"

은지가 진지한 얼굴로 빡쌤을 보았다.

"오, 은지는 하나를 가르쳐 주면 열을 아는구나. 그 얘기는 다음 시간에 하기로 하자. 오늘은 구석기 시대 사람들이 어떻게 살았는지만 잘 기억해 두도록. 그럼 선생님의 질문에 한번 대답해 보렴. 뗀석기 가운데 대표적인 것은 무엇일까요?"

아이들은 기억이 안 나는지 대답을 주저했다.

"아까 구석기 시대 맥가이버 칼이라고 했는데."

이때 파래가 벌떡 일어나서 주먹을 흔들며 소리쳤다.

"알았다. 주먹도끼요."

"딩동댕, 정답! 우리 파래 정말 똑똑하구나."

빡쌤이 파래의 머리를 쓰다듬어 주자 마토가 투덜거렸다.

"아, 나도 알았는데. 한발 늦었네."

빡쌤이 마토의 머리도 쓰다듬어 주었다.

"마토도 알고 있었던 거 쌤도 알아. 아까 보니 '주먹도끼'라 말하려고 입술이 달싹거리더구나."

빡쌤이 마토까지 칭찬하자 시루, 은지, 마리도 덩달아 외쳤다.

"구석기 시대의 대표적인 도구가 주먹도끼라는 건 저희도 알았다고요."

"좋아 좋아. 다들 아주 훌륭해. 오늘 배운 거 잘 기억해 두고, 다음 시간엔 체험 학습 하러 암사동으로 가자."

체험 학습이란 말에 아이들은 기쁨을 참지 못하고 이리저리 날뛰었다.

밑줄 쫙!  은지의 한국사 노트

✿ 사람을 동물과 구별하는 기준은,
1) 도구를 사용 할 줄 안다.
2) 머리를 써서 행동 할 수 있다.
3) 말을 할 줄 안다.

✿ 구석기 시대 사람들이 먹은 것은,
1) 과일과 열매 이파리 등
2) 사냥을 해서 잡은 고기

✿ 구석기 시대 사람들이 살던 곳은,
동굴이나 막집

✿ 구석기 시대에 사용한 석기의 이름은,
뗀석기

✿ 뗀석기 가운데 대표적인 것은,
주먹도끼

✿ 구석기 시대 사람들이 입은 것은,
나뭇잎 이나 짐승의 털가죽

신석기 시대 사람들의 삶

 구석기 시대와 신석기 시대를 가르는 가장 중요한 기준은 돌을 다듬는 기술의 차이야. 구석기 시대 석기는 뗀석기라고 해. 돌로 돌을 쳐서 떼어냈다는 거지. 신석기 시대 석기는 간석기라고 해. 떼어낸 돌을 갈아서 더욱 쓸모 있게 만든 거야. 이것은 단지 부딪쳐서 만드느냐 갈아서 만드느냐의 차이가 아니야.
 '모 아니면 도다'라는 말이 있어. 모나 도는 윷놀이에서 쓰는 말로 모는 아주 좋은 것, 도는 정말 별로인 걸 말해. 즉 당첨 아니면 꽝이란 식으로 결과를 운에 맡기는 거지.
 부딪쳐서 석기를 만들면 부서지는 걸 정확히 예측할 수 없어. 모양이 잘 나올 때도 있지만 그렇지 않은 경우가 더 많았지. 그러나 일단 떼어 낸 돌조각을 갈아서 원하는 모양을 만들면 성공할 확률이 훨씬 높아져. 갈면 한꺼번에 강한 힘을

구석기 시대
약 70만 년 전

가하지 않으니까 원하는 모양을 만들 때 깨지는 경우가 적어. 그래서 좋은 돌을 망치지 않고 좋은 도구로 만들 수 있어.
　어떤 재료에 어떤 힘을 가해 어떤 결과를 만들어 낼 수 있게 됐어. 확실한 예측이 가능한 작업이 간석기를 만들면서 생긴 거지. 또 결과를 예상하고 과정을 밟아 원하는 걸 만든다는 건 계획을 세울 수 있다는 거지. '모 아니면 도'처럼 운에 맡기는 게 아니야. 이것은 자연에서 필요한 걸 얻을 때 자연의 질서가 아닌 인간의 힘이 더 중요해졌다는 말이지.
　이제 인간은 자연에 있는 것들을 보며 그 성질을 이해하고 필요에 따라 기술을 쓸 수 있게 되었어. 씨가 떨어져 다시 열매를 맺는 원리도 훨씬 좋아진 머리로 깨달을 수 있었지.
　신석기 시대 인간은 자연의 지배에서 벗어나는 첫걸음을 디뎠어.

신석기 시대
기원전 8000년경

청동기 시대
기원전 2000년경

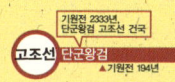

기원전 2333년
단군왕검 고조선 건국
고조선 단군왕검
▲기원전 194년

밑이 뾰족한 그릇

빡쌤과 꿈틀 아이들은 신석기 시대 체험 학습을 가기 위해 서울 지하철 5호선을 탔다. 시원하게 펼쳐진 한강을 건너 지하철 8호선으로 갈아탄 뒤 암사역에서 내렸다. 빡쌤과 아이들은 15분 정도를 걸어 암사동 선사 주거지에 도착했다.

매표소에서 표를 끊은 다음 빡쌤은 아이들을 불러 모았다. 태블릿 컴퓨터를 꺼내 아이들에게 사진 한 장을 보여 주었다. 빗살무늬가 새겨진 밑이 뾰족한 토기였다. 아이들은 빡쌤을 중심으로 둥글게 모여 태블릿 컴퓨터에 나타난 사진을 유심히 들여다보았다.

"오늘 우리가 체험하려는 시대를 잘 보여 주는 유물이야. 이게 뭘까?"

빡쌤의 질문에 아이들은 서로 얼굴을 마주 보며 어깨를 으쓱거렸다. 도무지 모르겠다는 표정이었다. 파래가 머리에 뭔가 쓰는 시늉을 하며 말했다.

"모자 아니에요? 이렇게 고깔처럼 머리에 쓰는 거요."

파래에게 지지 않으려는 듯 마토가 나섰다.

"미사일 같은데? 뾰족한 게 꼭 미사일 앞부분처럼 생겼어요."

빡쌤은 검지를 들어 좌우로 흔들었다.

"땡! 안타깝지만 틀렸어. 이건 그릇이야. 음식을 담

빗살무늬 토기
우리나라 신석기 시대의 대표적인 토기로 표면에 빗살무늬가 새겨져 있어. 음식을 저장하거나 조리하는 데 사용한 것으로 보여.

는 그릇."

빡쌤의 말에 아이들은 황당하다는 반응을 보였다.

"네? 말도 안 돼요. 이렇게 밑이 뾰족한 그릇이 어디 있어요? 여기에 음식을 담았다간 옆으로 픽 쓰러져서 다 쏟겠어요."

마토는 그릇이 넘어지는 모습을 몸짓으로 흉내 내다가 그만 쿵 쓰러지고 말았다. 땅바닥에 널브러진 마토를 보며 아이들이 깔깔 웃어댔다.

"바닥에 그냥 놓는 게 아니라 뾰족한 바닥을 모래에 꽂아 사용했단다."

"왜 그릇을 모래에 꽂아요? 밑을 평평하게 만들면 되지."

"우리 조금 전에 어디를 건너왔지?"

"한강이요."

"그럼 강가의 바닥은 뭘로 되어 있을까?"

"그야 모래죠."

"울퉁불퉁 모래 바닥 위에 그릇을 놓으면 쉽게 쓰러지잖아. 그러니까 바닥을 뾰족하게 만들어 모래에 꽂아 두는 편이 더 안전하지."

"그럼 바닥이 뾰족한 그릇을 만들어 쓴 사람들은 모래가 많은 강가에서 살았단 거네요?"

은지가 안경을 올려 쓰며 눈빛을 반짝였다.

농사, 인류의 삶을 바꾸다

"이번에도 은지의 추리력이 빛을 발하는구나. 뾰족한 그릇은 빗살무늬 토기라고 부르는데 신석기 시대 사람들이 쓰던 거야. 이 그릇은 당시 사람들의

생활에 대해 많은 것을 알려 주지. 강가에서 사람들은 무엇을 먹고 살았을까?"

"강가니까 물고기를 잡아먹었겠죠?"

"맞아. 빙하기와 간빙기가 번갈아 반복되던 구석기 시대는 아주 추웠어. 그래서 강에 물도 많지 않았지. 하지만 신석기 시대에는 날이 따뜻해지면서 빙하가 녹아내렸어. 그러자 바다 높이도 높아지고 강에도 많은 물이 흐르게 되었지. 따뜻하고 물의 양이 늘어난 강에는 물고기와 조개가 아주 많아졌어. 특히 조개는 양도 많고 잡기도 쉬워 신석기 시대 사람들의 주된 먹을거리였지. 얼마나 조개를 많이 먹었으면 먹고 나서 한군데 모아 놓은 조개껍데기가 커다란 무덤을 이루었겠니! 이것을 좀 어려운 말로 '패총'이라고 해. 조개 '패' 자에 무덤 '총' 자를 쓰지. 쉬운 말로는 '조개더미'라고 하고."

조개껍데기 장식
조개는 오래전부터 인간이 먹어 온 식재료야. 대부분 뻘이나 얕은 물에서 살아 잡기가 쉬웠지. 맛과 영양도 풍부하고 말이야. 조개를 먹고 남은 껍데기는 아름다운 빛깔로 반짝여서 목걸이나 팔찌 같은 장신구를 만들었어. 또 제사를 지낼 때도 사용했단다.

"그럼 빗살무늬 토기는 조개를 넣어 탕을 끓이는 데 사용한 건가요?"

마토가 시원한 조개탕을 떠올리며 입맛을 다셨다.

"국은 밥을 지을 줄 알게 된 다음에 나온 음식이야. 이때는 조개와 나물, 곡식을 섞어 죽을 끓여 먹었을 거야. 그런데 빗살무늬 토기는 다른 용도로 더 많이 쓰였어. 바로 곡식을 담아 두었던 거지. 이건 대단히 중요한 사실인데, 구석기 시대에는 먹을거리를 많이 구할 수 없어서 남길 음식도 없었어. 그러니 따로 보관하고 말고 할 게 없었지."

"그럼 신석기 시대에는 먹고 남을 만큼 먹을거리가 많아졌다는 거네요?"

신석기 시대 사람들의 생활

신석기 시대 사람들이 물고기를 잡는 모습
암사동 선사 유적지에 있는 신석기 시대 사람들이 물고기 잡는 모습을 재현한 조형물이야. 구석기 시대와 달리 기술이 발전해 그물을 사용했어.

　파래가 빡쌤이 다음으로 할 말을 알아채고는 아는 체를 했다.

　"그렇지. 날씨가 따뜻해져서 물고기나 식물이 늘어난 것도 먹을거리가 많아진 이유야. 하지만 그보다 중요한 것이 있지. 그건 바로……."

　빡쌤이 말을 멈추고 아이들을 둘러보자 아이들은 긴장한 나머지 침을 꼴깍 삼키며 빡쌤의 말을 따라했다.

　"그건 바로……."

　"농사를 짓기 시작한 거야. 구석기 시대에는 자연이 주는 대로 먹었지만, 이젠 스스로의 힘으로 먹을거리를 만들게 된 거지. 농사를 짓자 자연에서 나는 걸 채집하던 때보다 먹을 게

돌보습
긴 막대기 끝부분에 넓적한 끈으로 돌을 묶어서 보습을 만들었어. 흙을 뒤집어 엎는 데 사용했지.

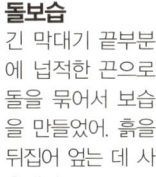

많이 생겼어. 이젠 사람들이 자연을 극복하고 개척하는 단계로 들어선 거야. 주는 대로 먹지 않고 스스로 먹을거리를 만든다는 건, 자연에 얽매이는 삶이 아닌 인간이 주인이 되는 삶을 살게 되었다는 것을 말해. 정말 대단한 일이지."

"저도 학교에서 시키는 대로 공부하지 않고 내가 좋아하는 것을 해야겠어요. 내 인생의 주인은 바로 나 자신이니까요, 하하하."

파래가 어깨를 으쓱거리며 크게 웃었다. 그러자 시루가 파래 옆구리를 쿡 찌르며 한마디 했다.

"게임만 하는 게 인생의 주인으로 사는 거냐? 농사를 지으면 식량이 나오지만 너처럼 게임만 하면 게임비로 돈만 나가잖아. 뭔가 생산적인 걸 하면서 주인 노릇을 하라고."

"오호, 생산적인 거라. 시루가 정말 멋진 말을 했구나. 먹을거리를 얻기 위해 자연에 가하는 인간의 힘을 '노동'이라고 하고, 노동을 통해서 유익한 것을 만들어 내는 일을 '생산'이라고 하지. 생산적인 것이란 유익한 무언가를 얻고자 힘을 쓰는 것을 말한단다."

빡쌤의 뜻밖의 칭찬에 시루의 얼굴이 붉어졌다.

뿔괭이
짐승의 뿔로 만든 농기구야. 씨를 심을 때 구멍을 파는 데 사용했어.

집을 지어 한곳에 머물러 살다

"농사를 지으면서 인간의 생활에 큰 변화가 생겼어. 바로 정착 생활을 시작한 거야. 정착 생활이란 구석기 시대 사람들처럼 이리저리 떠돌아다니며 살지 않고 한곳에 머물러 사는 걸 말해. 땅에 씨를 뿌렸으니 싹이 나고 열매가 자라는 걸 지켜보고 돌보아야 했지. 먹을 것이 생기니 굳이 멀리 돌아다닐 필요도 없었고 말이야. 그런데 먹을 것이 흔한 강가나 바닷가에 살다 보니 문제가 생겼어. 전에는 돌아다니다 동굴을 찾으면 그곳에서 살았잖아? 그런데 강가나 바닷가에는 꼭 동굴이 있진 않았지. 그럼 어떻게 했을까?"

"집을 만들었나요?"

신석기 시대 움집을 복원한 모습
한강 근처에 있는 암사동에는 신석기 시대 우리 조상들이 살았던 집터가 남아 있어. 그곳에 가면 움집을 복원해 놓아 당시 사람들이 어떻게 살았는지 엿볼 수 있단다.

은지가 조금 자신 없는 얼굴로 말했다.
"맞아, 집을 만들었어. 신석기 시대 사람들이 만든 집을 움집이라고 해."
빡쌤은 태블릿 컴퓨터에서 움집 사진을 보여 주었다.
"이거 꼭 야영 가서 치는 텐트 같은데요?"
캠핑 마니아인 아빠와 종종 야영을 한 적이 있는 마토가 아는 체를 했다.
빡쌤과 아이들은 나무들이 늘어선 길을 천천히 걸어갔다. 얼마를 걷자 눈앞에 펼쳐지는 광경에 아이들이 탄성을 터트렸다. 신석기 시대 움집을 똑같이 만들어 놓은 것이었다.
"와, 저기 진짜 움집이 있어!"
파래의 말에 아이들은 움집이 있는 곳으로 우르르 달려갔다.
"대박! 신석기 시대 움집이 서울 시내에 있다니."
아이들은 움집이 신기한지 인디언 흉내를 내며 움집 주위를 빙빙 돌았다.
"여기 있는 움집 아홉 채는 당시 모습을 추측해서 만들어 놓은 거야. 내부는 어떻게 생겼는지 들어가서 보자."
빡쌤과 아이들은 아홉 채 가운데 유일하게 문이 열린 움집으로 들어갔다. 움집 바닥이 바깥보다 낮은 걸 모르고 뛰어 들어간 파래는 하마터면 넘어질 뻔했다.
"이크, 집을 땅속에다 지어 놓았어."
"땅속은 아니고 반지하라고 할 수 있지. 신석기 시대 사람들은 벽을 쌓을 만한 기술이 없었어. 그래서 위로 벽을 쌓아 올리는 대신 밑으로 땅을 파서 벽을 삼았던 거야. 그리고 나무로 기둥과 서까래를 만든 뒤 짚이나 풀을 얹어 집을 만들었지. 신석기 시대 움집의 특징은 집터가 둥글다는 거야. 청동기 시대에 네모나게 만든 것과는 비교가 되지."

암사동 유적지에 있는 신석기 시대의 움집 내부
아빠는 막대기 끝에 슴베를 달아 끈으로 묶고 있어. 내일 사냥할 준비를 하나 봐. 아이들은 장작에 불을 지피고 있고, 엄마는 갈돌로 곡식의 딱딱한 껍질을 벗기고 있어. 엄마 옆에는 곡식이 담긴 빗살무늬 토기가 모래 바닥에 박혀 있구나.

"반지하라서 그런지 바깥보다 시원해요."

은지가 이마에 흐르는 땀을 손등으로 닦아 냈다.

"그래. 땅을 파고 지은 집이라 여름에는 시원하고 겨울에는 따뜻했어. 천연 냉난방 시설이 따로 없지? 가운데에는 화덕을 놓아 불을 지펴서 요리를 했어. 화덕은 요리 도구일 뿐 아니라 난방 도구이기도 했지. 불을 지펴 놓고는 둘러앉아 언 몸을 녹이기도 했단다."

"이왕 움집 체험하는 거 제대로 해야지."

파래는 옷이 더러워지든 말든 상관없다는 듯 움집 바닥 위에 벌러덩 드러누웠다.

"아, 편안해. 풀로 지은 집이지만 생각보다 아늑하네."

"파래 이 녀석 그냥 두었다간 한숨 푹 자고 갈 기세네. 얼른 일어나! 다음에 갈 곳에도 신기한 게 무지 많으니까."

"정말요?"

빡샘의 말에 파래는 용수철처럼 벌떡 일어나 움집 밖으로 튀어 나갔다.

구석기는 뗀석기, 신석기는 간석기

돌화살촉
돌을 깨고 갈아 만든 것이어서 크기도 모양도 각양각색이지? 끝은 제법 날카로워서 짐승의 가죽을 뚫을 수 있단다. 직접 돌도끼를 들고 사나운 짐승과 뒤엉켜 싸우던 때를 생각하면 정말 안전해졌지. 또 멀리 있는 사냥감이 눈치채지 못할 만큼 멀리서 공격할 수도 있고 말이야.

일행은 움집 있는 곳에서 얼마 떨어지지 않은 제1 전시관으로 들어갔다.

불 피우는 도구들이 가장 먼저 눈에 띄었다.

"구석기 시대 초기 사람들은 자연에서 저절로 생긴 불을 사용했어. 그래서 어렵게 구한 불이 꺼지면 다시 불이 생길 때까지 하염없이 기다려야만 했지. 나중엔 불을 만들 수 있게 되었지만 아주 힘들었어. 그러나 신석기 시대 사람들은 여기에 있는 도구들로 필요할 때마다 스스로 불을 만들었어."

"농사를 지어 스스로 먹을거리도 만들고, 불도 스스로 만들어 쓰고. 신석기 시대 사람들은 정말 알아서 척척척 스스로 어린이였군요, 헤헤."

파래가 광고에서 나온 문구를 인용해 익살을 떨었다.

그다음으로는 돌도끼, 활, 화살이 있었다.

"구석기 시대 동물들은 매머드처럼 덩치가 컸지만 움직임은 느렸어. 그래서 사람들은 모두 힘을 모아 돌을 던지고 찌르고 계속 쫓아다니면 동물을 잡을 수 있었지. 신석기 시대에 와선 큰 동물 대신 사슴, 토끼, 노루 같은 재빠른 동물이 살았어. 그러다 보니 구석기 시대처럼 엉성한 돌멩이로는 도저히 잡을 수가 없었지. 신석기 시대 사람들은 사냥 도구를 발전시켰단다. 신석기 시대에는 이렇게 활로 화살을 쏘아 사냥을 했지. 다음을 보렴."

빡쌤이 가리키는 곳에는 다양한 석기와 돌칼 등이 전시되어 있었다.

신석기 시대 그물과 돌그물추
줄로 얼기설기 엮은 그물에 돌로 추를 만들어 강바닥에 드리웠어. 그래야 물고기가 그물 아래로 도망가지 못하지. 그물을 발명함으로써 이전보다 훨씬 많은 물고기를 잡을 수 있었어. 이전엔 재빠른 물고기를 잡으려 창 하나 들고 온 강을 헤매고 다녔지. 이제는 물고기가 다니는 곳에 그물을 쳐놓고 물고기를 몰기만 하면 잡을 수 있게 되었단다.

신석기 시대 낚싯바늘
물고기가 좋아하는 미끼를 끼어 물고기가 덥석 물면 잡아 올리는 데 쓰는 낚싯바늘이야. 주로 뼈로 만들었는데 꽤 날카롭지?

"봐. 구석기 시대 뗀석기에 비해 어때?"

"뗀석기는 아주 거칠고 울퉁불퉁했는데 이건 반질반질하면서도 날카롭게 잘 다듬어져 있는데요!"

시루가 신석기 시대의 석기에서 시선을 떼지 않고 말했다.

갈돌과 갈판
위에 작고 긴 것이 갈돌이고 아래 평평하고 큰 것이 갈판이야. 갈판 위에 딱딱한 견과류나 곡식을 올려 놓고 갈아서 껍데기를 벗겨 가루를 냈지.

"뗀석기는 그야말로 돌로 내리쳐서 떼어 낸 석기잖아. 신석기 시대에는 구석기 시대보다 기술이 발전했어. 그래서 일단 돌로 쳐서 떼어 낸 뗀석기를 다른 돌에 대고 갈아 훨씬 날카로운 석기를 만들었지. 갈아서 만들었다고 해서 간석기라고 해. 구석기 시대와 신석기 시대는 둘 다 석기를 썼다는 점에선 같아. 두 시대를 구분하는 기준은 뗀석기를 더욱 정밀하게 갈아서 간석기를 만드는 데서 볼 수 있듯이……."

"아하, 두 시대를 구별하는 기준은 돌을 다루는 기술의 차이라는 거죠?"

은지가 핵심을 말해 버리자 빡쌤은 김이 샌 표정을 감출 수 없었고, 아이들은 은지에게 엄지를 척 내밀었다.

다음으로 돌그물추, 갈돌과 갈판, 돌화살촉 등이 있었다.

"그물추로 쓴 돌을 봐. 양쪽 끝에 홈이 파여 있지? 여기에 줄을 묶어 그물에 달았던 거야. 구석기 시대 사람들은 강물 속 돌구멍이나 물풀 사이를 손으로 뒤져 고기를 잡았다면, 신석기 시대 사람들은 그물을 사용해 쉽게 많은 양의 물고기를 잡았어. 뿐만 아니라 동물 뼈로 만든 낚싯바늘에 미끼를 꿰어 물고기를 잡기도 했어. 힘들게 쫓아다니지 않고도 잡을 수 있게 된 거지. 이 갈돌은 도토리나 곡식의 단단한 껍질을 벗겨 먹는 데 사용했단다."

빡쌤의 말이 끝나자 아이들의 환호성이 터져 나왔다.

불로 만든 흙그릇

"야, 이거 봐. 아까 쌤이 보여 준 빗살무늬 토기가 진짜 있어."
"진짜는 아니고 빗살무늬 토기와 똑같이 만든 모조품이야."
"그래도 이런 게 진짜 있다는 거 아녜요?"
"물론이지. 빗살무늬 토기는 신석기 시대의 대표적인 토기야."
"그런데 왜 빗살무늬만 그려 넣었어요?"
"빗살무늬 토기 말고 덧무늬 토기도 있어. 물론 무늬 모양은 비슷해. 차이

점은 빗살무늬 토기는 토기의 겉면을 빗살 모양으로 눌러서 오목하게 자국을 냈고, 덧무늬 토기는 국수 가락같이 길게 민 흙을 덧붙이거나 토기 표면을 손가락으로 집어 올려 도드라지게 해서 무늬를 만들었다는 거야."

"이런 무늬 말고 다른 건 없나요? 꽃이나 나비 같은 예쁜 거 말이에요."

"사실 이 무늬는 예쁘게 보이려고 넣은 게 아니야. 토기가 갈라지는 걸 막으려고 넣은 거지."

"무늬로 토기가 갈라지는 걸 막는다고요?"

아이들이 고개를 갸웃거렸다.

"저도 알아요. 도자기를 만들 때도 가마에 불을 지펴 굽잖아요."

은지가 도자기 축제에서 본 가마를 떠올리며 말했다.

"토기를 단단하게 만들기 위해서는 불에 넣고 구워야 해. 그런데 토기 굽는 기술이 발달하지 않은 신석기 시대에는 불에 굽다 갈라져 망치는 경우가 많았어. 그런데 갈라지던 금이 여기저기 그어 놓은 빗금과 수직으로 만나면 더 이상 갈라지지 않았지. 이렇게 빗살무늬로 토기가 갈라지는 걸 막은 거야.

아참, 중요한 걸 하나 빼먹을 뻔했네. 신석기 시대 토기가 모두 바닥이 뾰족한 건 아니야. 평평한 것도 있지. 평평한 걸 사용한 신석기 시대 사람들은 아마 땅바닥이 단단하고 평평한 곳에 살았을 거야. 모래나 흙에 토기를 박아 놓을 필요가 없었을 테니까."

이어서 빡쌤과 아이들은 제2 전시관으로 갔다. 제2 전시관에는 신석기 시대 사람들의 생활을 그려 놓은 그림이 있었다. 그림을 보던 시루가 궁금한 얼굴로 빡쌤을 올려다보았다.

최초의 패션 디자이너

"쌤, 그런데 여기 그림을 보니 사람들이 입은 옷이 구석기 시대와는 달라요."

"신석기 시대는 가죽을 다듬는 기술이 발전했지. 그리고 무엇보다 큰 발전은 이거야."

빡쌤은 태블릿 컴퓨터에서 사진 한 장을 열어 보였다.

"이게 뭐예요? 쿠키인가? 갑자기 배고파지네."

마토가 허기진 표정으로 힘없이 말했다.

"이건 가락바퀴라는 거야. 돌로 만들었어. 이걸 쿠키로 착각해 물어뜯었다간 이가 모두 부러져 버릴 거야. 와드득."

가락바퀴
신석기 시대에 실을 만들 때 사용한 도구야. 가운데 뚫려 있는 구멍 보이지? 실을 감는 막대기인 '가락'을 그 구멍에 끼우고 나무나 풀 줄기를 감아 돌리면 실이 만들어져.

빡쌤이 이를 드러내며 무서운 표정을 짓자 마토는 아주 조그맣게 입을 오므리며 몸서리를 쳤다. 이가 망가지는 건 먹보 욕심쟁이 마토에게는 정말 무서운 일이었다.

"신석기 시대 사람들은 '삼'이라는 식물에서 실을 뽑아 옷을 만들어 입었어. 이 가락바퀴는 삼실을 꼬는 도구야. 삼실을 가지고 옷감을 짜고, 뼈로 만든 바늘로 바느질해서 옷을 만들었지. 지금의 패션 디자이너처럼 말이야."

빡쌤은 다른 그림 하나를 더 보여 주었다.

가락바퀴를 이용해 실 잣는 방법

1. 섬유질이 풍부한 나무나 풀 줄기를 아주 가늘고 길게 찢는다.
2. 가락바퀴 가운데 뚫린 구멍에 막대기를 끼우고 나무나 풀 줄기를 감아 돌린다.
3. 가는 줄기들이 꼬이면서 실이 된다.

> 바늘과 실이 있었다면, 신석기 시대에도 나처럼 디자이너를 꿈꾸는 어린이가 있었겠지!

작은 거인, 뼈바늘

바늘의 발명은 인간의 삶을 획기적으로 바꾸었어. 이전엔 털가죽을 몸에 두르고 허리에 끈을 질끈 동여매는 식으로 옷을 입었지. 헐거운 옷깃 사이로 찬 바람이 숭숭 들어와 추위에 시달렸어. 그러나 바늘이 생기자 몸에 맞게 바느질해 옷을 만들어 입을 수 있었지. 덕분에 빈틈없이 방한이 잘되어 추위에도 활동하기 좋았어. 또 몸에 맞는 옷을 입다 보니 사냥이나 농사일을 할 때 몸을 움직이는 게 훨씬 편해졌지. 아주 작은 바늘 하나지만 인간의 삶에 미친 영향은 아주 컸단다.

신석기 시대 뼈바늘
동물의 뼈로 바늘을 만들었어.

고래를 잡은 신석기 시대 사람들

"이건 울산시 울주에 있는 반구대라는 바위에 그려진 그림이야. 자세히 보렴. 이건 거북, 이건 사슴, 이건 멧돼지. 그리고 이건……. 이게 진짜 대박인데, 한번 맞춰 볼래?"

아이들은 태블릿 컴퓨터 속으로 들어갈 듯이 얼굴을 갖다 대었다.

"어, 이거 혹시 고래 아니에요?"

은지의 말에 아이들의 눈이 휘둥그레졌다.

"맞아, 고래야. 신석기 시대 사람들은 바다로 나가 고래를 잡기도 했대."

"우아, 대단해. 돌로 만든 도구로 거대한 고래를 잡다니."

울산 반구대 암각화

울산에 있는 반구대라는 아주 커다란 바위에는 신석기 시대에서 청동기 시대로 이어지는 시기에 그린 수많은 그림이 새겨져 있어. 이것을 암각화라고 하는데 바위에 새겨진 그림이란 뜻이야. 바위에는 거북, 사슴, 멧돼지, 사람들이 타고 있는 배 등이 새겨져 있는데, 그중 고래도 있어서 많은 관심을 끌었어.

"그래서 어떤 학자들은 이 그림이 신석기 시대가 아니라 좀 더 날카롭고 강한 도구를 만든 청동기 시대 것이라고도 주장한단다. 아무튼 신석기 시대에는 이전 시대와 달리 도구를 다루는 기술이 발전한 건 사실이야. 발전된 기술로 더 많은 식량을 얻을 수 있어 먹을거리가 풍부해졌지."

"그럼 사냥은 하지 않았나요? 난 고기가 좋은데."

마토가 구석기 시대 사람들이 둘러앉아 멧돼지 고기를 뜯어먹는 장면을 상상하며 군침을 흘렸다.

"웬걸. 신석기 시대에도 사냥을 통해 고기를 구했어. 그런데 이때 아주 재미있는 일이 벌어졌지."

"재미있는 일이요? 뭔데요, 뭔데요?"

호기심으로 가득 찬 아이들의 눈이 빡쌤에게 쏠렸다.

"어느 날 사냥으로 사로잡은 멧돼지 한 마리를 나중에 잡아먹으려고 가두어 두었어. 그런데 이 녀석이 덜컥 여러 마리 새끼를 낳은 거야. 새끼들에게 먹이를 주었더니 쑥쑥 자라지 뭐야. 이 녀석들이 또 새끼를 낳으면서 수가 자꾸만 늘어났어. 이젠 어렵게 사냥을 하지 않고도 손쉽게 고기를 얻을 방법이 생긴 거지. 이렇게 동물을 키워 먹이로 삼는 걸 '목축'이라고 해. 그런데 사람들은 더 많은 먹을거리가 생긴 만큼 더 행복해졌을까?"

"골고루 나누어 먹었다면서요? 그럼 모두들 잘 먹었으니까 행복해졌겠죠."

"신석기 시대 말기에는 모든 사람이 먹고도 식량이 남았어. 그런데 먹고 남은 식량은 마을 사람 모두의 공동 재산이 되지 않았지. 왜냐하면 농사 기술이 발달하자 굳이 마을 사람들과 함께 농사짓지 않고 가족끼리만 지었거든. 자기 가족이 거둔 식량은 그 가족만의 것이 되었어. 그러다 보니 공동체는 식량

신석기 시대 사람들의 생활

몽골 유목민이 목축하는 모습
인류는 가축을 기르면서 언제나 고기를 먹을 수 있게 되었어. 물론 가진 사람들에게만 해당되는 이야기지만. 또 역사상 완전히 다른 생산 방식을 가진 사람들로 나뉘기도 했지. 농사가 잘되는 곳에 사는 사람들은 정착해서 곡식을 거둬들였고, 농사가 잘 안 되는 곳에 사는 사람들은 가축을 몰고 이곳저곳을 떠돌아다녔어. 이들을 유목민이라고 해.

을 많이 가진 가족과 그렇지 못한 가족으로 나뉘었어. 바로 부유한 자와 가난한 자가 생긴 거야. 이렇게 해서 사람과 사람 사이에 불평등한 관계가 시작되었단다."

"후유, 언제나 그놈의 욕심이 문제야."

마토가 한숨을 길게 내쉬자 파래가 그런 마토의 어깨에 손을 얹고 말했다.

"그럼 우리 욕심을 버리는 의미에서 네 가방에 든 과자를 나눠 먹는 건 어떨까?"

"내 가방에 과자 있는 거 어떻게 알았어?"

"네가 아까부터 조금씩 꺼내 야금야금 먹는 거 다 봤어."

마토는 자기 가방을 무심결에 꼭 끌어안았다. 그런 마토의 팔을 시루가 꽉 꼬집었다.

"그러면서 배고픈 척은 혼자 다 하고. 그렇게 의리 없게 굴면 다신 너랑 안 논다."

마토는 시루가 꼬집은 데가 아픈지 인상을 잔뜩 찌푸렸다. 그러고는 가방에서 과자 봉지를 꺼내 시루에게 내밀었다.

"아, 아파! 알았어. 자, 먹어."

시루와 아이들은 마토가 건넨 과자 봉지를 들여다보았다. 봉지 안에는 과자 부스러기 하나 없었다.

"이게 뭐야. 마토, 이 신석기 시대 욕심쟁이 부자 같은 놈!"

시루는 과자 봉지를 확 구기며 마토를 찾았다. 마토는 이미 암사동 선사 주거지 정문 쪽으로 멀리 도망간 뒤였다.

밑줄 쫙!  은지의 한국사 노트

✿ 신석기 시대 사람들이 먹은 것은,
1) 조개, 채소, 나무의 열매
2) 사냥을 통한 고기
3) 낚시 등을 통한 물고기

✿ 신석기 시대 사람들이 살던 곳은,
강가나 해안가의 움집

✿ 신석기 시대 사람들이 음식을 조리하거나 보관하기 위해 만든 것은,
토기

✿ 신석기 시대 토기 가운데 대표적인 토기는,
빗살무늬 토기

✿ 인류 역사상 최초로 신석기 사람들이 식량을 얻기 위해 한 것은,
농경 사육

✿ 구석기 시대 사람들은 이동 생활을 한 반면, 신석기 시대 사람들은,
정착 생활을 했다.

✿ 신석기 시대 사람들이 입은 것은,
옷 풀잎을 엮은 옷과 삼베옷

✿ 삼으로 된 옷감을 만들기 위해 사용한 실을 잣는 도구는,
가락바퀴

✿ 도토리처럼 단단한 견과류의 껍질을 벗기던 도구는,
갈판과 갈돌

가난한 평등은 신석기 시대 생산량이 늘면서 깨져 버렸어. 극소수에겐 풍요로운 불평등이 당연했고 대다수에겐 가난한 불평등이 당연했어. 육식 동물이 초식 동물을 잡아먹듯, 우두머리 수컷이 먹이의 대부분을 독차지하듯, 강한 자가 약한 자의 것을 빼앗는 게 당연했지.

신석기 시대보다 청동기 시대엔 기술도 생산량도 비교할 수 없을 만큼 늘어났어. 그러나 풍요는 극소수만이 누릴 수 있었지. 극소수의 가진 자들은 생산의 영역뿐만 아니라 정신의 영역에서도 가지지 못한 자들을 지배했어. 지배

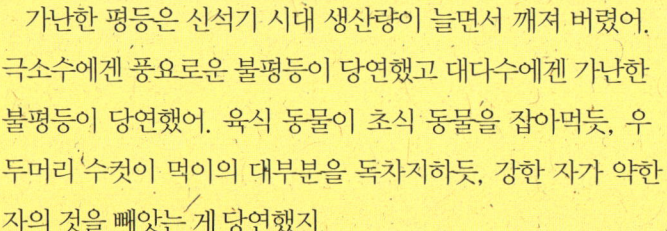

구석기 시대
약 70만 년 전

자들은 종교 지도자였고 또 정치적 우두머리였지. 그들은 햇빛에 반짝이는 청동 거울과 칼과 장신구로 가지지 못한 자들에게 주문을 걸었어. 그들은 이제 신이거나 최소한 신의 자식이었던 거야.

그들은 어려운 청동기 제작 기술을 가지고 있었고 그 기술로 날카롭고 단단한 칼과 창과 화살을 만들었어. 청동기 시대는 아직 돌로 대부분의 도구를 만들던 때였어. 청동기 무기의 위력은 정말 대단했지.

신의 자식들은 이 무기로 다른 부족들을 공격해 곡식을 가꿀 땅을 빼앗았고 싸움에 진 부족들을 노예로 부렸어. 땅이 넓어지면서 신의 권위는 점점 더 높아지고 이제 지배자는 자신의 땅에 신의 나라를 세우지.

청동기 시대는 인류 최초로 나라가 세워지기 시작한 시대야.

신석기 시대
기원전 8000년경

청동기 시대
기원전 2000년경

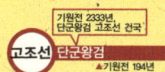

빡쌤이 꿈틀에 온 때는 아이들이 점심을 다 먹자마자였다. 빡쌤과 아이들은 앉은뱅이 탁자에 둘러앉았다.

"음, 오늘 점심 메뉴로 제육볶음과 쌀밥이 나왔나 보구나."

빡쌤의 말에 아이들은 깜짝 놀랐다.

"어떻게 아셨어요, 쌤?"

"센터에 들어서는 순간 제육볶음 냄새가 진동하던걸? 쌀밥이란 건 마토의 입가를 보고 알았고."

빡쌤의 말에 아이들의 시선이 마토의 얼굴로 향했다. 마토의 입가엔 보란 듯이 하얀 쌀밥 한 알이 붙어 있었다. 마토는 얼른 밥알을 떼어 입안으로 집어넣었다.

"밥알 하나가 그렇게 아까웠냐? 입가에 붙여 놓았다 이제야 먹게."

마토는 파래의 놀림에도 아랑곳없이 오물오물 밥알을 씹었다.

"마토는 청동기 시대 사람을 닮았구나. 쌀 귀한 줄 아는 걸 보니, 하하하."

빡쌤은 마토의 행동에 웃음을 터뜨렸고, 아이들은 처음 듣는 단어에 고개를 갸웃거렸다.

"쌤, 청동기가 뭐예요?"

"구리와 주석을 섞어서 만든 도구를 부르는 이름이야."

"구리, 주석이랑 쌀이 무슨 상관이에요?"

농업의 발달과 전쟁의 시대

"오늘 이야기는 마토 입가에 묻은 밥알로 시작해 볼까? 저번에 보았던 암

사동 유적은 어느 시대 유적이었더라?"

"신석기 시대요!"

"신석기 시대 다음에 이어지는 시대가 바로 청동기 시대야. 즉 구리로 도구를 만들던 시대지. 신석기 시대에 농사를 짓기 시작했다는 사실 기억하지? 시간이 갈수록 농사 기술은 발달해 청동기 시대에 이르러서는 마침내 벼농사를 지을 수 있게 되었어. 엄청나지?"

"벼농사를 짓는 게 뭐가 엄청나다는 거예요?"

"벼는 다른 곡물에 비해 질 좋은 탄수화물이 많이 들어 있어서 적은 양으로도 많은 에너지를 낼 수 있어."

"탄수화물을 많이 먹으면 비만의 원인이 된다던데요?"

"지금이야 쌀이 많이 생산되고 지나치게 많이 먹어서 문제가 되는 거지. 옛날엔 늘 먹을거리가 부족했어. 비만은커녕 말라 죽지 않는 게 소원일 정도였지. 쌀은 에너지의 원천인 탄수화물이 많을 뿐만 아니라 한 그루에 달리는 낟알이 다른 곡식에 비해 많아. 영양가도 많은데 거둘 수 있는 낟알도 많은 게 바로 벼야. 그 당시 사람들에게 얼마나 귀한 농작물이었겠니!"

"쌀이 많이 생산되어 잘 먹고 살게 된 게 엄청나다는 거군요."

"아니. 벼는 재배가 아주 까다로워서 불과 수십 년 전만 해도 쌀밥은 명절에나 먹을 수 있었단다. 그렇게 재배가 어려운 벼를 생산할 정도로 청동기 시대에는 농사 기술이 크게 발달했다는 거야."

"아, 벼농사를 지을 정도의 기술이면 밭농사도 훨씬 잘 지어서 곡식을 많이 거둘 수 있었겠군요."

하나를 가르치면 열을 아는 은지의 말에 빡쌤은 다시 한 번 감탄했다.

"그렇지, 바로 그거야. 신석기 시대에는 농사 기술의 발달로 남아도는 식량

반달돌칼
청동기 시대에 곡식의 이삭을 거두는 데 사용한 농기구야. 구멍에 끈을 끼워 손에 걸어서 사용했어.

반달돌칼을 이용해 이삭을 거두는 모습
반달돌칼의 날카로운 부분으로 벼를 베면 싹둑 잘릴 거야. 어때, 아주 날카로워 보이지? 사진처럼 한 손으로도 쉽게 벼를 벨 수 있었어.

이 생기고 그것 때문에 부자와 가난한 자가 생겼다고 한 말 기억하지? 청동기 시대는 그때보다 훨씬 많은 농산물이 생산되었고 훨씬 부유한 사람들이 생겨나. 이렇게 재산이 늘어나면 늘어날수록 욕심도 커졌어. 그래서 다른 사람의 재산이나 땅에 욕심을 내게 되었고 결국 빼앗기까지 했단다. 한번이 어렵지 그다음부터는 쉬운 법이거든.

이제 힘 있는 사람은 힘없는 사람의 소유를 빼앗아 자기 재산을 늘려갔어. 한 사람이 다른 사람의 소유를 약탈하던 것이 점점 규모가 커져 한 씨족이 다른 씨족의 소유를, 나아가 한 부족이 다른 부족의 소유를 약탈하는 지경에 이르렀어. 그래서 재산과 좋은 땅을 빼앗기 위한 싸움이 여기저기서 하루가 멀다 하고 벌어지게 돼. 자, 이런 상황에서 가장 필요한 게 뭘까?"

무시무시한 최신식 무기

"싸움에서 가장 필요한 건 무기죠, 휙휙."

파래가 30센티미터 플라스틱 자를 칼처럼 휘둘렀다. 갑작스러운 파래의 칼싸움 장난과 그걸 피하려는 아이들로 방 안이 소란스러워졌다. 시루가 막아 선 다음에야 파래의 난동은 끝이 났다.

"아이고, 정신없다. 마치 청동기 시대 전쟁터 같구나. 아무튼 파래가 정답을 맞췄어. 전쟁에서 가장 중요한 건 상대방의 것보다 뛰어난 무기지."

"거봐, 내 말이 맞지?"

기죽어 있던 파래가 어깨를 으쓱거리며 잘난 체했다.

"청동기는 그렇게 해서 생겨났어. 돌로 만든 투박한 무기가 전부였던 시대에 청동기는 정말 무시무시한 무기였어. 청동기를 가진 부족은 석기를 가진 부족과의 전쟁에서 이겼고, 모든 재산과 땅을 빼앗았어. 게다가 전쟁에 진 부족의 사람들을 노예로 부렸지. 이렇게 지배를 하는 무리와 지배를 받는 무리가 생긴 거야. 지배를 하는 무리 가운데서 가장 힘이 센 사람이 모든 무리의 우두머리가 되었어. 다른 부족을 정복하면서 힘센 부족은 점점 커져 갔어. 그

러면서 국가라는 아주 커다란 집단이 만들어진 거지. 이 얘기는 다음에 우리나라 최초의 국가인 고조선이 나올 때 해 주마."

거울을 이용해 신의 아들이 되다

아까부터 궁금한 것을 참고 있던 시루가 물었다.

"쌤, 그럼 농기구도 청동기로 만들어서 농사짓기 좋아졌겠네요?"

"그렇게 생각하기 쉬운데 사실은 그렇지 않아. 청동기는 아주 귀한 재료여서 무기나 제사 도구, 거울 같은 걸 만드는 데만 썼어. 농사는 여전히 석기에 의존했지."

"그때도 거울이 있었나요?"

외모를 꾸미는 데 관심이 많은 마리가 눈을 동그랗게 뜨고 물었다. 여태껏 한마디도 없던 마리의 말에 아이들이 깜짝 놀랐다.

"있었어. 그런데 얼굴을 비추는 것 말고 다른 중요한 용도에 쓰였지. 혹시 그게 뭔지 알겠니?"

"거울이야 자기 모습을 비춰 보는 데나 쓰지 다른 용도가 있어요?"

시루가 도무지 알 수 없다는 듯 고개를 가로저었다. 이때 장난꾸러기 파래가 벌떡 일어나 손바닥을 쭈욱 내밀며 말했다.

"햇빛을 반사시켜서 사람들 눈이 부시게 만들 때 써요."

파래의 말에 아이들은 어이가 없다는 표정을 지었다. 시루가 파래의 바지를 잡아당겼다.

"야, 너 자꾸 엉뚱한 소리로 수업 망칠래? 빨리 앉아!"

파래는 바지가 벗겨져 엉덩이가 나올 것 같자 잽싸게 앉았다.

"이거 소 뒷걸음 치다 쥐 잡는다더니, 오늘 파래가 연타석 홈런을 치는구나! 정확하지는 않지만 비슷해. 거울은 우두머리의 장신구였단다. 우두머리는 제사를 지낼 때 청동 검을 들고 청동 거울을 목에 걸었어. 햇빛이 청동 거울에 비치고 반사된 빛으로 우두머리는 해처럼 빛나 보였지. 사람들은 눈부시게 빛나는 우두머리의 모습을 보며 그가 자신들과는 다른 특별한 존재라고 여겼어. 신의 아들 뭐 이런 식으로 말이야."

"말도 안 돼요. 그깟 거울 하나 갖고 있다고 신의 아들이라니."

"청동기는 아주 귀했어. 보통 사람은 만져 보기도 어려웠지. 돌멩이로 농사를 짓던 시절 이야기야. 지금처럼 인간의 지식이 고도로 발전한 때가 아니라고."

"하긴 선생님이나 책이 없었으니 아무것도 모르는 게 당연하지."

은지의 말에 아이들이 고개를 끄덕였다.

"사실 우리가 가진 지식도 옛사람들이 힘들게 알아낸 것들이야. 오랜 시간에 걸쳐 지식이 하나하나 쌓이면서 세상의 이치에도 눈을 뜬 거지. 그 옛날 벼

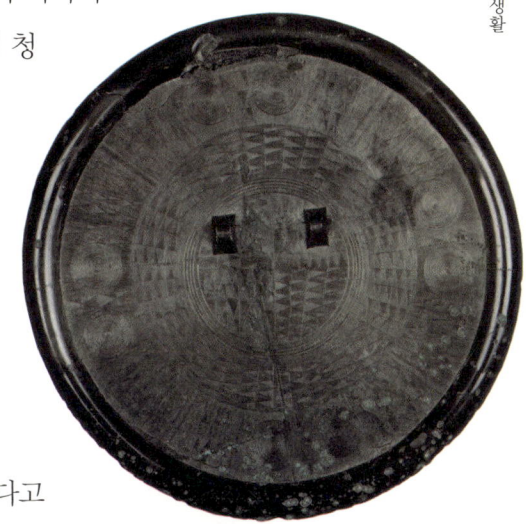
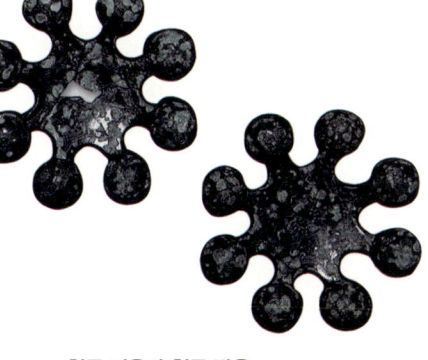

청동 거울과 청동 방울
청동 거울은 뒤에 끈을 묶을 수 있는 꼭지가 있어. 청동 거울은 얼굴을 비춰 보는 도구가 아니라 지배자의 권위를 나타내는 도구였어. 청동 방울 역시 지배자의 권위를 나타내는 도구이자 제사에 쓰이는 도구였지.

락을 맞아서 난 불을 동굴로 가져간 구석기 시대 사람이 없었다면, 오늘날 연료를 태우며 우주로 날아가는 로켓도 없었을 거야. 그러니까 지금 보아서는 보잘 것 없는 물건이라도 옛사람들의 힘겨운 노력을 잊어서는 안 돼."

"그래서 말인데요, 돌로 만든 도구만 쓰던 사람들이 어떻게 금속을 다룰 줄 알게 되었을까요?"

구리로 만든 칼, 비파형 동검

마토가 웬일로 제법 그럴 듯한 질문을 던졌다. 그러자 아이들이 마토를 보고 '오!' 하며 엄지를 치켜세웠다.

"여러 가지 추측이 가능하지만, 토기를 굽는 화덕에서 뜨거운 열 때문에 구리가 섞인 돌이 녹아 내렸을 거야. 그것이 굳은 걸 사람들이 만져 보니 돌보다 아주 단단하다는 걸 알게 되었지. 그래서 구리가 흘러나온 것과 같은 돌을 구해 높은 열을 가해 보니 같은 것이 나왔어. 이걸 돌을 갈 듯이 다른 돌에 갈아 보니 아주 날카로운 물건이 되었겠지.

그렇게 해서 돌보다 단단하고 날카로운 구리로 무기를 만들게 된 거야. 그런데 구리를 녹여 도구를 만드는 건 아주 복잡하고 어려운 일이었어. 그래서 청동기 제작 기술자가 따로 있었지. 인류 역사상 처음으로 전문가가 생긴 거란다."

"그럼 청동기로 만든 무기는 어떻게 생겼나요?"

"아차, 내가 그걸 안 보여줬구나!"

빡쌤은 태블릿 컴퓨터를 열어 청동 검과 청동 검을 만드는 거푸집 사진을

비파형 동검
칼의 모양이 비파라는 악기와 비슷하게 생겼다고 해서 비파형 동검이라고 해. 동검은 청동으로 만든 칼이란 뜻이야.

보여 주었다.

"우아, 이게 청동 검이구나. 진짜 멋지다."

파래는 청동 검을 보며 갖고 싶다는 듯 손을 뻗었다. 그러나 관찰력이 뛰어난 은지는 청동 검 사진에서 뭔가를 발견했다.

"어, 그런데 청동 검의 모양이 제각각 달라요!"

"맞아. 이건 비파형 동검이고, 이건 세형 동검이야. 또 이건 중국 동검이고. 비파형 동검은 비파라는 악기를 닮아서 붙여진 이름인데 중국 요령 지방과 한반도 서북부 지역에 걸쳐서 발견되었어. 고조선이 있던 곳과 일치하지. 그래서 비파형 동검이 있던 곳이 청동기를 바탕으로 세워진 고조선의 문화권이라고 생각하고 있어. 비파형 동검은 칼날이 길고 가는 모습으로 바뀌는데 그것이 바로 옆에 보이는 세형 동검이야. 세형 동검은 한반도에서만 발견돼. 이것으로 보아 한반도만의 독자적인 청동기 문화가 있었다는 걸 알 수 있지. 금속을

청동 검 거푸집
돌을 파내거나 흙을 단단히 다진 뒤 모양을 만든 것이야. 여기에 녹은 쇳물을 부어 모양을 만들지. 흙이나 돌은 쇠보다 훨씬 높은 온도에서 녹으므로 쇳물을 부어도 모양을 유지한단다. 오늘날에도 흙을 다진 틀에 쇳물을 부어 가마솥을 만들지. 한번 거푸집을 만들면 똑같은 모양의 청동검을 여러 개 만들 수 있었어.

세형 동검
비파형 동검과 다르게 비파 모양의 곡선이 사라지고 더 뾰족하고 가늘어진 모습이야. 한반도에서만 발견되는 독특한 청동검이지.

녹여 물건을 만드는 틀인 거푸집도 한반도 안에서만 발견되었어."

"쌤, 무기가 석기에서 청동기로 변한 걸 보면 다른 생활 도구들도 많이 변했을 거 같은데 어땠어요?"

청동기 시대 사람들이 침대 생활을 했다고?

"우선 토기는 신석기 시대의 빗살무늬 토기와 달리 무늬가 없는 민무늬 토기를 만들었어. 토기에 빗살무늬를 넣은 이유를 뭐라고 했지?"

"불에 구울 때 토기가 갈라지지 말라고요."

"청동기 시대에는 흙을 빚고 그릇을 굽는 기술이 더 발전했어. 그래서 굳이 빗살무늬를 넣을 필요가 없게 되었지. 사람들이 사는 곳은 여전히 움집이었는데 집 짓는 장소와 구조가 달라졌어. 이걸 보렴."

빡쌤은 태블릿 컴퓨터에서 청동기 시대 움집터의 모양을 보여 주었다.

"신석기 시대에 강가나 바닷가에 집을 지었다면 청동기 시대에 와서는 강가에서 조금 떨어진 산자락 아래에 집을 지었어. 강가는 아무래도 홍수에 집이 떠내려가기 쉽고 습기도 많아서 불편했을 테니까 조금 높은 데 집을 지었겠지."

"신석기 시대에도 불편한 걸 알았을 텐데 왜 그땐 그냥 강가에 집을 지었죠?"

민무늬 토기
무늬가 없고 바닥이 평평한 토기야. 그릇을 굽는 기술이 발전해서 빗살무늬 토기보다 단단해.

"도구 때문이야. 청동기 시대는 신석기 시대보다 흙을 파고 쌓는 기술과 도구가 발달했다는 거지. 같은 석기라 하더라도 한결 발달된 석기를 사용한 거야. 그래서 청동기 시대의 움집은 반지하가 아니라 지상에 가깝게 벽을 쌓아 지었어. 화덕도 한가운데 있던 걸 귀퉁이로 옮겼지. 또 돌판으로 쪽구들*을 만들어 그곳에서 쉬기도 하고 잠도 잤어. 일종의 침대 생활을 한 거야. 쪽구들은 청동기 시대에 시작되어 삼국 시대에 널리 퍼졌지. 이것이 나중엔 우리 민족의 독특한 난방 형식인 구들로 발전한 거야. 청동기 시대 사람들은 신석기 시대보다 훨씬 쾌적한 주거 환경에서 살았단다."

*쪽구들
오늘날처럼 건물의 실내 전체를 난방하는 전체 온돌이 아니라 ㄱ자나 ㄷ자처럼 바닥의 일부만을 따뜻하게 하는 부분 온돌을 말해.

"또 음식을 담는 그릇도 민무늬 토기로 다양하게 만들었어. 국자나 시루도 토기로 만들었지. 숟가락은 동물 뼈로 만들었고. 옷은 삼베나 동물 털, 비단 등으로 만들어 입었어. 신발은 보통 짚신을 신었는데 신분이 높은 사람은 가죽신을 신었지."

"먹을 것이 많아지니 정말 살 만해졌나 봐요."

"그런데 이처럼 풍족해진 재산을 빼앗으려는 사람도 있었지. 그래서 마을 둘레에 도랑을 파고 성벽을 세워서 침입을 막았단다."

권력의 상징, 고인돌

"쌤, 전에 텔레비전에서 보니까 청동기 시대에는 돌로 집을 만들었던데요? 양쪽에 커다란 돌을 괴고 그 위에 돌을 얹어서."

"아, 고인돌 말하는 거구나."

"맞아요, 고인돌."

"글쎄, 그것도 집이라고 하면 집일 수 있겠구나. 살아 있는 사람이 아닌 죽은 사람을 위한 집이긴 하지만."

'죽은 사람을 위한 집'이란 말에 아이들은 으악 비명을 질렀다. 여자아이들은 무서워서 서로 부둥켜안았고, 남자아이들은 탁자 밑으로 들어갔다. 아이들은 무서운 얘기를 꺼낸 마토를 나무랐다.

"죽은 사람을 위한 집은 다른 게 아니라 무덤을 말하는 거야. 고인돌은 청동기 시대 우두머리의 무덤이거든."

"아, 무덤이요! 난 또 진짜 집에 죽은 사람이 사는 줄 알았네."

"우리나라에는 고인돌이 진짜 많아. 전 세계 고인돌 중 40퍼센트가 우리나라에 있지. 고인돌은 모양도 크기도 제각각인데 강화도 부근리에 있는 것은 덮개돌 하나의 무게가 수십 톤에 달한단다. 이 정도로 무거운 돌을 옮기려면 힘이 센 어른 남자 500명은 필요해. 무덤을 만들기 위해 이렇게 많은 사람들을 끌어모을 정도로 우두머리의 권력은 대단했어. 사람들이 찍소리도 못 하고 힘든 일을 할 수밖에 없을 만큼 말이야."

"힘센 남자 어른만 500명이라면, 아이와 여자, 노인들까지 합친 전체 부족원 수는 엄청 많았겠네요?"

시루가 손가락을 접었다 폈다 하면서 빡쌤을 쳐다보았다.

"한 가족이 다섯 명 정도이고 한 집에서 한 사람씩 동원되었다고 치면, 그 부족의 인원수는 총 2,500명 정도 됐겠지. 우두머리 한 명이 2,500명이나 되는 부족원을 지배한 셈이야."

"구석기 시대에는 한 무리의 수가 10명 남짓이었는데, 청동기 시대에는 2,500명이라니. 엄청나게 덩치가 커진 거네요."

강화도 부근리 고인돌
전북 고창, 전남 화순, 인천 강화도의 고인돌 유적은 유네스코 세계 문화유산으로 지정되어 있어. 그만큼 우리나라에는 고인돌이 굉장히 많단다. 사진 속 강화도 부근리 고인돌은 우리나라의 대표적인 고인돌로 크기가 어마어마하지.

"여기서 그치지 않고 계속 전쟁을 통해 영토를 넓혀 갔고, 또 전쟁에 진 사람들을 노예로 삼으면서 무리는 점점 커져 갔어. 자, 이젠 무엇이 등장할 차례일까?"

"무리가 점점 커져서 생기는 것은 더 큰 무리?"

파래가 마치 정답을 말한 듯이 아는 체하자 아이들은 피식 코웃음 쳤다.

"그럼 더 큰 무리가 커지면 더 더 큰 무리냐?"

시루의 핀잔에 파래는 무안한 듯 혀를 내밀며 웃었다.

"더 큰 무리든 더 더 큰 무리든, 한껏 덩치가 커진 무리는 지배자를 중심으로 국가를 세우게 돼. 그렇게 해서 나타나는 것이 바로 우리나라 최초의 국

가인 고조선이야."

"야, 드디어 고조선이다!"

파래가 느닷없이 만세를 불렀다.

"너 고조선이 뭔지나 알고 그래?"

마토가 자꾸 나서는 파래가 얄미웠는지 파래의 등판을 퍽 하고 쳤다.

"당연하지. 단군 할아버지가 세운 나라 아냐!"

"맞았어. 다음 시간은 단군왕검이 세운 고조선 이야기를 할 거야. 오늘은 여기까지 하자."

말을 마치고 일어나는 빡쌤의 팔에 아이들이 매달렸다.

"어우, 이제 한창 재미있어지려는데 여기서 그만두면 어떡해요. 다음 주까지 못 기다려요. 더 얘기해 주세요, 쌤."

빡쌤은 벽에 걸린 시계를 올려보았다. 오후 다섯 시 이십 분. 오늘은 친구가 주선한 소개팅을 하기로 한 날. 빡쌤은 마음이 급했지만 눈치 빠른 은지와 시루는 빡쌤 옆에 딱 붙어 앉아 고조선 이야기를 재촉했다.

"원래 수업 시간이 여섯 시까지잖아요. 왜 일찍 끝내시려는 거예요?"

둘러댈 핑곗거리를 찾지 못한 빡쌤은 소개팅을 포기할 수밖에 없었다.

"알았다, 알았어. 그럼 고조선 이야기를 시작하자."

띠링!

이때 빡쌤의 휴대폰에서 문자가 왔다는 신호가 울렸다.

밑줄 쫙!  은지의 한국사 노트

✿ 신석기 시대의 농작물은 조, 귀리, 피 등이었다. 청동기 시대에 들어 처음 재배한 농작물은,

(벼(田)

✿ 청동기 시대에 농기구를 만든 재료는,

(돌)시기(돌)

✿ 청동기 시대 사람들이 살던 움집이 신석기 시대와 다른 점은,

신석기 시대의 움집은 바닥이 원형이었으나 청동기 시대의 움집은 직사각형 모양이다. 또한 청동기 시대의 움집은 대체로 땅 위에 지었고, 신석기 시대의 움집보다 크기가 커졌다. 움집 화덕도 청동기 시대가 되면서 가장자리로 옮겨졌다.

✿ 청동으로 만든 도구는,

을 청동방울, 농기 동경, 민 동검

✿ 반달 모양 돌칼의 용도는,

곡식의 이삭을 자를 때 썼다.

✿ 청동기 시대 토기 가운데 대표적인 토기는,

민무늬 토기

✿ 한반도에서 사용된 청동 검으로는 □□□ 동검과 □□ 동검이 있다.

비파형, 세형

✿ 청동기 시대 지배자의 무덤은,

고인돌

우리 민족 최초의 국가인 고조선

청동기 시대는 하나의 부족이 다른 부족과 합치면서 덩치를 키우던 시기야. 부족과 부족이 하나의 부족으로 합쳐지는 과정은 강한 부족이 약한 부족을 힘으로 억눌러서 흡수하는 식으로 이루어졌지. 물론 덜 폭력적인 방식도 있긴 했어. 상대 부족을 설득해서 합치는 경우가 그런 거지. 이 경우에도 우두머리가 되는 부족의 장은 당연히 힘 있는 부족에서 나왔어. 이

렇게 점점 덩치를 키운 부족의 연합은 마침내 나라의 모습을 갖추게 돼.

우리 민족 최초의 나라 고조선도 이런 과정을 거쳐서 세워졌어. 그런데 부족과 부족이 합쳐져서 고조선을 세우는 과정은 신화로 꾸며져 있어서 자세한 내용은 알기 어려워.

하늘 신 환인의 아들 환웅이 곰이 변한 사람인 웅녀와 혼인하고 그들이 낳은 아들인 단군왕검이 나라를 세웠다는 고조선 건국 이야기를 단군 신화라고 해. 그런데 신의 아들과 곰이었던 여자가 혼인해서 아이를 낳았다는 말을 믿을 사람이 세상에 어디 있겠어? 하지만 한반도에서 인간이 살아온 역사적 사실과 단군 신화를 비교해서 잘 들여다보면, 신화 속에서도 고조선이 세워지던 당시의 사실들을 유추할 수 있지.

지금 대한민국이란 이름의 나라에서 살기 전, 그러니까 조선 이전, 고려 이전, 고구려·백제·신라라는 세 나라로 나뉘어 살던 그 이전, 우리 민족이 최초로 세운 나라, 고조선이 어떻게 세워졌는지 기나긴 시간을 거슬러 올라가 알아보자.

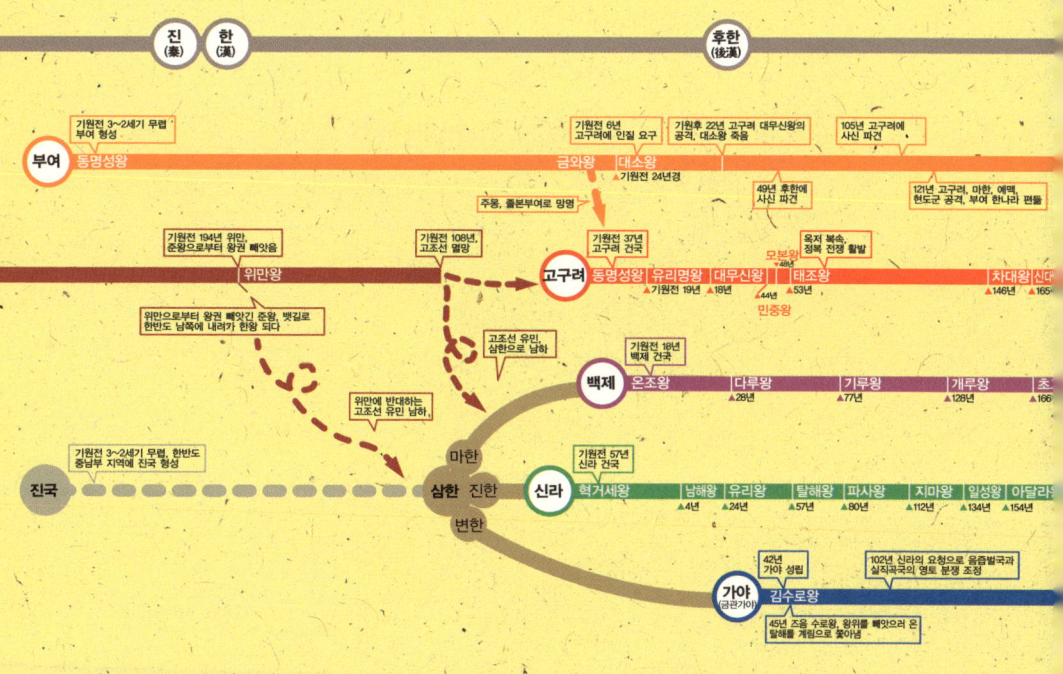

> 야, 고아람, 너 왜 안 와?

> 미안, 나 수업 땜에 소개팅 못 갈 듯. 다음으로 미루면 안 될까?

빡쌤은 아이들이 볼세라 몸을 잔뜩 숙이고 친구에게 문자를 보냈다.
빡쌤 등 뒤에서 문자를 훔쳐본 파래가 꿈틀이 떠나가도록 소리쳤다.
"얼레리꼴레리~ 빡쌤 남자 만나러 간대요."
파래는 손나팔을 하고 이리저리 뛰어다니며 빡쌤의 미팅을 동네방네 알리고 다녔다. 빡쌤을 붙들고 있던 은지와 시루는 얼굴이 새빨개진 빡쌤에게 눈을 흘겼다.
"쌤, 고작 소개팅 때문에 한국사 수업을 일찍 끝내려 하신 거예요?"
"정말 실망이야."
빡쌤은 두 여자아이의 찌릿한 눈빛에 어쩔 줄을 몰랐다.
"아니, 그게 아니라, 난 안 간다고 문자 보낸 건데, 파래 저 녀석이……."
이때 꿈틀 문이 덜컹 열리더니 센터장 민주식 선생님이 들어왔다. 아이들은 민 선생님을 꿈틀을 이끄는 선장이라고 해서 캡틴이라고 불렀다.
"뭐라고? 덜렁이 고아람 선생님이 남자를 만난다고? 헐, 단군 이래 최대 사건인걸."
캡틴은 허둥대는 빡쌤의 어깨를 툭 치며 말했다.
"잘해 봐. 선생님도 이제 시집 가야지, 하하."
참다못한 빡쌤은 캡틴에게 소리를 빽 질렀다.
"잘하긴 뭘 잘해요, 남 속도 모르면서."

빡쌤의 뜻밖의 민감한 반응에 놀란 캡틴은 흠칫 뒤로 물러섰다.

"네 동기 수진이가 '아람이 시집가고 싶어 하니 선배가 잘 돌봐 주세요'라고 하기에 잘해 보라고 한 건데. 왜 성질을 부리니?"

빡쌤은 주먹을 불끈 쥐고 부르르 떨었다.

"수진이가요? 아휴, 내가 개 땜에 미쳐."

빡쌤은 친구에 대한 분풀이로 캡틴의 등판을 사정없이 가격했다.

"수업 방해하지 말고 어서 나가요."

캡틴은 서둘러 현관문을 열고 달아나며 한마디 던졌다.

"애들아, 오늘 하루만 선생님 놔 줘. 시집가는 게 얼마나 급했으면 소개팅을 나가겠니."

휙!

쿵!

캡틴을 겨냥한 빡쌤의 실내화는 애꿎은 현관문에 맞고 바닥에 떨어졌.

짧은 소동이 지나자 다들 마땅히 할 말을 잊었다. 어색한 침묵을 깨려 시루가 나섰다.

"쌤, 우린 괜찮으니까 소개팅 가세요."

"우린 선생님께 그렇게 절박한 사정이 있는 것도 모르고…… 죄송해요."

시루가 아주 미안한 얼굴로 빡쌤에게 말했다.

"아, 아니, 얘들이 무슨 소리를 하는 거야? 뭐, 뭐가 절박하고 뭐가 죄송해?"

빡쌤은 절대 들키고 싶지 않은 비밀을 들켜 버린 어린아이처럼 말까지 더듬었다.

"웅녀가 사람이 되려 한 건 사실 잘생긴 환웅에게 시집가고 싶어서 그런 거

라고 생각해요. 그래서 캄캄한 동굴에서 쓴 쑥과 매운 마늘만 먹고 버틴 거고요. 여자 어른이 시집가고 싶어 하는 건 부끄러운 게 아니에요."

이렇게 말한 은지는 빡쌤의 손을 가만히 잡으며 촉촉한 눈길로 빡쌤을 쳐다보았다. 빡쌤은 이렇게 가다간 자기가 시집가고 싶어 안달하는 사람으로 찍힐 것 같았다. 그래서 이내 마음을 가라앉히고 차분하게 말했다.

"은지야, 웅녀는 그냥 사람이 되고 싶었던 거야. 환웅한테 시집가고 싶어서 그런 게 아니라고."

"어쨌든 프러포즈 한 번에 옳다구나 하고 시집갔잖아요."

"그래, 그건 그렇다 치고. 하지만 환웅이 잘생겼단 이야기는 어디에도 없어."

"환웅은 하늘의 신인 환인의 아들이죠. 다시 말해 신의 아들. 신의 아들이면 신. 신이라면 완벽한 존재니까 외모도 완벽할 테고, 즉 아주아주 잘생겼단 말 아니에요?"

은지의 엉뚱하지만 그럴듯한 논리에 빡쌤이 '픽' 웃음을 터뜨렸다.

이때 파래가 엄지와 검지를 직각으로 펴서 턱에 대고 말했다.

"은지 말이 맞는 거 같아요. 우리 조상이 잘생겼으니까 후손인 제가 이렇게 미남인 거 아닐까요?"

이 말에 아이들은 혀를 내밀고 주먹을 뒤집어 엄지를 바닥으로 찌르며 '우' 하고 야유를 보냈다.

"은지처럼 역사를 자기만의 상상력으로 생각해 보는 것은 아주 훌륭한 태도야. 그러면 역사를 머나먼 옛날이야기가 아닌 살아 있는 현재의 이야기로 느낄 수 있거든. 그런데 이때 중요한 것은 역사적 사실을 잊어서는 안 된다는 거지."

빡쌤의 말에 시루가 고개를 갸웃하며 말했다.
"그럼 곰이 인간이 된 게 사실이에요?"
"당연히 아니지. 그건 신화야. 역사적 사실은 그 신화 속에 숨어 있단다."

단군 신화 속 역사적 사실을 찾아라

"단군 신화는 우리나라 최초의 국가인 고조선의 건국 신화* 야. 다들 알겠지만 단군 신화의 내용을 한 번 더 얘기해 볼게. 하늘의 신 환인의 아들 환웅은 널리 세상을 이롭게 하고자 비, 바람, 구름을 다스리는 신하와 3,000명의 무리를 거느리고 태백산 신단수 아래로 내려왔어. 그곳에 신시를 열고 360가지 인간의 일을 다스렸지.

이때 곰 한 마리와 호랑이 한 마리가 환웅을 찾아와 사람이 되게 해 달라고 빌었어. 환웅은 햇빛이 들지 않는 캄캄한 동굴 속에서 쑥과 마늘만 먹으며 100일 동안 견디면 사람이 될 것이라고 했지. 호랑이는 끝까지 참지 못하고 중간에 도망쳐 버렸어. 그러나 곰은 끝까지 버텨 여자로 변했는데 곰에서 인간이 된 여자라고 해서 웅녀라고 불렀어. 웅녀는 환웅과 결혼해 아이를 낳았지. 그 아이가 바로 단군

***건국 신화**
한 나라의 첫 번째 지도자가 나라를 세우면서 있었던 일을 신비롭고 성스럽게 그려 낸 이야기를 말해.

단군왕검 영정
단군 신화에 따르면 환웅과 웅녀의 자식인 단군왕검이 아사달에 도읍을 정하고 고조선을 세웠다고 전해져.

고구려 각저총 벽화

벽화 왼쪽 아래를 보면 나무 아래에서 씨름하는 사람들을 지켜보는 곰과 호랑이가 그려져 있어(호랑이는 지워져 거의 보이지 않지만). 다른 동물도 있는데 굳이 곰과 호랑이를 넣은 걸 보면 곰과 호랑이는 우리 민족과 깊은 관련이 있었다는 걸 알 수 있지.

왕검이야. 단군왕검은 자라서 아사달을 도읍으로 삼고 나라를 세웠으니, 이 나라가 바로 우리 민족 최초의 국가인 고조선이란다."

"단군 신화에서 환웅이 하늘에서 내려왔다는 건 어떤 집단이 이주해 왔다는 걸 의미해. 그가 인간이 된 곰과 결혼했다는 건 원래 있던 집단과 합쳤다는 뜻이지. 또 곰이 등장하는 건 원래 있던 집단이 곰을 섬기는 부족이었다는 의미고."

"아하, 그러니까 하늘 부족과 곰 부족이 하나로 합쳐졌다는 거군요?"

빡쌤의 설명에 시루가 크게 고개를 끄덕였다. 궁금한 건 못 참는 파래가 물었다.

"그럼 호랑이는 뭐예요?"

"곰을 섬기는 부족과 함께 호랑이를 섬기는 부족도 있었어. 호랑이 부족은 하늘 부족과 합치지 않고 떠났을 거야. 또 100일 동안 마늘과 쑥만 먹고 버텼다는 건 두 부족이 합쳐지는 데 많은 어려움이 있었단 것을 의미한단다."

"그럼 실제로는 결혼을 한 게 아니니까 단군왕검은 태어나지도 않았단 말이네요?"

신의 아들과 인간이 된 곰의 낭만적 결혼을 생각했던 마리가 김빠진 표정을 지으며 물었다.

"단군왕검은 특정한 인물의 이름이 아니라 고조선을 다스린 우두머리를 이르는 칭호야. 여기서 단군은 하늘에 제사를 지내는 제사장이고 왕검은 정치적 지배자를 말해. 즉, 단군왕검은 제사장과 정치적 지도자를 겸하는 최고의 지배자란 뜻이야."

"쌤, 그럼 단군왕검이 하늘의 자손이라는 이야기에서는 어떤 사실을 찾아낼 수 있나요?"

"아까 은지가 한 말을 잘 생각해 보렴."

"은지가 한 말이라면 완벽한 신의 아들이란 말이요?"

"그러니까 '나는 신의 아들이어서 뭘 하든 완벽하니 토를 달지 마라.' 이런 말이군요."

"맞아. 즉 자기의 말이 곧 하늘의 뜻이란 거지."

파래가 갑자기 팔을 번쩍 들며 말했다.

"쌤, 하늘의 뜻에 따라 화장실에 비 좀 내리고 오겠습니다."

파래가 똥 마려운 강아지처럼 어기적어기적 나가자 아이들은 어이가 없다는 듯 머리를 흔들었다.

이때 마리가 어디서 구했는지 칵테일을 장식하는 작은 우산을 쓰고 기상 캐스터처럼 말했다.

"쌤, 그런데 환웅은 왜 하필 비, 바람, 구름을 다스리는 신하와 함께 내려왔어요? 기상 캐스터로 쓰려고 했나요?"

"우비 입은 기상 캐스터는 봤어도 칵테일 우산을 쓴 기상 캐스터는 첨 봤다. 푸하하하!"

마토가 마리를 놀리자 빡쌤이 나섰다.

마니산 첨성단
단군왕검이 하늘에 제사를 지내던 장소인 첨성단은 강화도 마니산 정상에 있어. 해마다 10월 3일 개천절에 우리 민족이 최초로 세운 나라인 고조선을 기념하는 제사를 지내.

우리 민족 최초의 국가인 고조선

농경 무늬 청동기
기원전 5~6세기경 만들어진 청동기 유물로 토기에 곡식을 담는 모습, 밭을 가는 모습, 괭이질하는 모습 등 농사짓는 장면이 새겨져 있어. 그림을 보면 고조선 사람들이 어떻게 농사를 지었는지 추측해 볼 수 있지.

"마리가 한 말이 황당해 보이지만 전적으로 틀린 건 아니란다."

"쌤, 그럼 그 옛날에도 기상 캐스터가 있었단 말씀이세요?"

"기상 캐스터가 있진 않았지만, 날씨가 그만큼 중요했다는 거지. 비, 바람, 구름 등의 기상 현상은 농사에 아주 중요한 조건이잖아? 날씨의 변화를 잘 아는 신하를 내세운 건 당시 사람들에게 농사가 가장 중요한 일이었다는 뜻이야."

"즉 고조선은 농사가 크게 발달한 청동기 시대에 시작된 나라라는 것을 알 수 있어."

이때 꿈틀에서 아이들의 식사를 담당하는 꿈셰프*가 소쿠리를 들고 나타났다. 아이들의 눈길이 일제히 소쿠리로 쏠렸다.

"예나 지금이나 먹고 사는 게 가장 중요한 일이지."

소쿠리에는 알맹이가 탱글탱글한 삶은 옥수수가 들어 있었다. 아이들은 재빨리 옥수수를 하나씩 집어 들고 외쳤다.

"잘 먹겠습니다!"

8조법을 보면 고조선 사회가 보인다

다들 옥수수를 하나씩 먹는데 마토 혼자만 두 개를 먹고 있었다.

"야, 넌 왜 두 개야?"

불의를 보면 참지 못하는 시루가 따졌다. 그러자 마토는 탈곡기처럼 속도를 높여 양손에 든 옥수수를 순식간에 먹어 치웠다.

"하나가 남길래 내가 먹었다, 왜?"

마토의 말에 꿈셰프가 고개를 갸웃했다.

"이상하다, 머릿수에 딱 맞춰 삶았는데."

그때 파래가 하늘의 뜻대로 화장실에 비를 내리고 돌아왔다. 파래는 소쿠리에 쌓인 알맹이를 다 먹고 남은 옥수수 심을 보며 소리쳤다.

"내 건 어딨어?"

그제야 아이들은 마토가 먹은 옥수수 두 개 중 하나가 파래 것이었음을 깨달았다.

파래는 자신의 옥수수를 먹어 치운 마토를 노려보며 말했다.

"쌤, 남의 것을 훔쳐 먹은 마토에게 벌을 내려 주세요."

"음, 알았다. 마토는 파래의 옥수수를 훔쳐 먹은 죄로 앞으로 파래의 노비가 되어야 한다."

빡쌤이 판사처럼 탁자를 탁탁 치며 말하자 마토는 펄쩍 뛰었다.

"말도 안 돼요. 그런 법이 어디 있어요?"

빡쌤은 다음 주에 공부하려고 준비했던 두루마리 종이를 가방에서 꺼내 펼쳐 보이며 말했다.

"어디 있긴 어디 있어, 여기 있지. 이건 중국의 《한서》라는 역사책에 나와

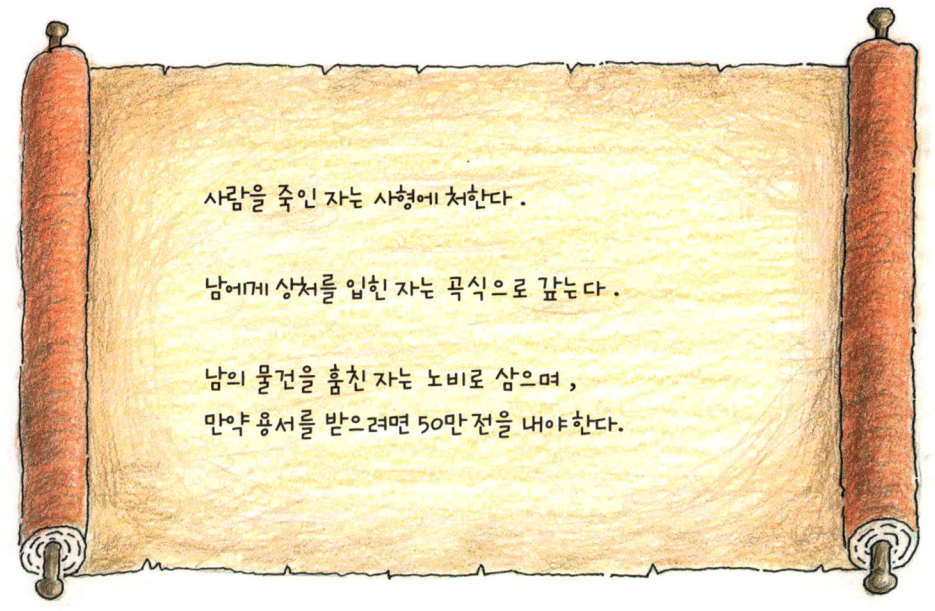

사람을 죽인 자는 사형에 처한다.

남에게 상처를 입힌 자는 곡식으로 갚는다.

남의 물건을 훔친 자는 노비로 삼으며, 만약 용서를 받으려면 50만 전을 내야한다.

있는 고조선의 8조법 중 3개 조항이야. 자, 여기 봐."

아이들이 빡쌤이 가리킨 두루마리에 써 있는 글을 보려고 한군데로 모였다. 두루마리에는 위와 같이 쓰여 있었다.

"너 이제 어쩌냐? 꼼짝없이 파래의 노비가 되어야겠구나."

시루가 참 안됐다는 얼굴로 마토를 보며 말했다. 그러자 은지와 마리도 마토를 측은하게 바라보며 거들었다.

"21세기에 노비가 되다니, 참 팔자도 기구하지."

"이건 곰이 마늘 먹던 시절 얘기잖아요. 이런 법은 없어요!"

마토는 털퍼덕 주저앉아 두 다리를 버둥거리며 유치원생처럼 떼를 썼다.

"그럼 넌 남의 음식을 허락도 없이 먹어 버리고서 아무 벌도 받지 않겠다는 거야?"

빡쌤이 짐짓 엄한 얼굴로 말하자 마토는 금세 기가 죽어 고개를 떨궜다.

"8조법에 노비가 되기 싫으면 50만 전을 내야 한다고 했으니 파래가 원하는 걸로 사 줄게요."

빡쌤과 아이들의 눈이 파래에게 쏠렸다. 파래는 뭔가 깊이 생각하는 체하다 마토의 머리에 손을 얹고 명령했다.

"친구 사이에 사 주긴 뭘 사 줘. 대신 내게 큰절하고 '주인님 용서해 주세요'라고 한 번만 말해."

마토는 동갑 친구에게 절을 하는 게 죽기보다 싫었다. 하지만 자꾸 버티다가 아예 별명이 노비가 될까 봐 할 수 없이 파래에게 큰절을 했다.

이때 빡쌤이 절을 받는 파래와 절을 하는 마토를 가리키며 말했다.

"잠깐, 이 장면을 잘 봐. 이걸로 고조선 사회의 모습을 엿볼 수 있어."

다른 아이들이 고개를 갸웃거릴 때 은지가 한마디 했다.

"주인과 노비가 있으니 신분과 계급이 있던 시대란 걸 알 수 있어요."

빡쌤이 빙그레 웃으며 가볍게 박수를 치자 아이들은 은지를 감탄하는 눈으로 쳐다보았다.

"아, 그리고 50만 전이란 말로 봐서 화폐가 사용된 사회란 것도 알 수 있어요. 자기 돈 남의 돈이 있으니 개인 재산을 인정했다는 것도 알 수 있고요."

마토가 절을 하는 자세 그대로 엎드린 채 말했다.

그러자 빡쌤과 아이들은 '오!' 하며 엄지를 들어 올렸다.

잠시나마 자신의 노비였던 마토가 빡쌤과 여자아이들의 관심의 대상이 되자 파래는 샘이 났다. 그래서 8조법의 내용을 다시 보며 뭔가 아는 척하려 했다.

"쌤, 저도 뭔가 알아냈어요. 사람을 죽이면 사형시킨다는 말에서 고조선 사람들은 생명을 소중히 여겼다는 걸 알 수 있어요. 절대 남을 해치면 안 된다는 거잖아요."

질문 있어요!
고조선 사람들은 무슨 음식을 먹고 어떤 옷을 입고 어디에서 살았나요?

고조선 사람들은 콩, 조, 기장, 수수 같은 잡곡을 먹었어. 벼농사도 지었지만 쌀은 매우 귀한 것이어서 지배층이나 먹을 수 있었지. 반찬은 산나물이나 생선, 고기를 오늘날처럼 소금, 된장, 간장으로 간도 맞추고 맛도 냈어. 김치도 먹었는데 아직 고추가 한반도에 들어오기 전이라 지금 우리가 먹는 것처럼 빨갛고 맵지는 않았어. 동치미나 백김치처럼 하얗고 짭짤한 것이었지. 이런 음식들은 다양한 모양의 민무늬 토기에 담아 동물의 뼈나 나무로 만든 숟가락으로 먹었어.

옷은 삼베와, 동물 털을 엮어 만든 털실, 누에고치에서 풀어낸 명주실로 만들어 입었어. 신발은 대부분 짚신을 신었지만 신분이 높은 사람은 가죽신을 신었어.

집 짓는 기술도 발달해 신석기 시대의 반지하 움집이 아닌 조금 더 땅 위로 올려서 지은 움집에서 살았어. 그러다 보니 습기가 적어 살기에 좋았지만, 집이 땅 위로 올라온 만큼 찬바람에 노출되어 추웠어. 그래서 난방을 위해 움집 한쪽에 크고 넓적한 돌을 놓고 아래서 불로 달궜지. 이렇게 하면 달궈진 돌이 밤새 식지 않고 열을 뿜어내 집 안을 따뜻하게 했어. 이것을 쪽구들이라고 해. 방 전체가 아니라 한쪽 부분에만 설치했기 때문에 '쪽' 구들이라 불러.

이번에 빡쌤의 엄지는 파래를 향했고 이에 질세라 마리도 한마디 더 했다.

"남에게 상처를 입히면 곡식으로 갚는다는 말을 보면, 다른 사람의 몸도 소중하게 여겼던 사회인 것 같아요."

"물론 그랬겠지. 그 몸이 소중한 건 농사를 지을 몸이기 때문이야. 몸에 상처를 입어 농사를 못 지으면 먹고 살 곡식이 없을 테니, 그 책임을 지는 의미에서 곡식으로 갚으라고 한 거지."

"곰이 사람이 되었다고 해도 믿을 시절에 이런 법이 있었던 걸 보면, 단군왕검은 정말 뛰어난 지도자였나 봐요."

은지의 말에 모두가 고개를 끄덕였다.

"근데 그 뛰어난 지도자인 단군왕검이 죽으면 나라는 어떻게 되지?"

마리가 걱정스러운 표정으로 중얼거렸다.

머리에 상투 틀고 흰옷을 입고 온 위만, 고조선을 발전시키다

파래가 마리의 말을 받아 물었다.

"쌤, 단군왕검 다음에는 누가 고조선을 다스렸나요?"

"단군왕검 다음에는 단군왕검이 다스렸지."

"쌤, 우리를 놀리시는 거죠? 단군왕검이 죽고 단군왕검이 다시 태어났을 리 없잖아요?"

"단군왕검은 지배자의 이름이 아니라 제사장과 군장을 뜻하는 칭호라고 했잖아? 종교적 지배자이자 정치적 우두머리인 여러 단군왕검이 기원전 2333

우리 민족 최초의 국가인 고조선

일연이 삼국유사를 쓴 이유

《삼국유사》는 고조선이 우리 민족 최초의 국가라는 사실을 기록한 가장 오래된 책이야. 이 책은 고려 후기 승려 일연이 썼는데 당시는 원나라의 침략과 귀족들의 권력 다툼으로 백성들이 살기 힘든 때였어. 일연은 고통받는 사람들에게 우리 민족의 자랑스럽고도 아름다운 이야기로 어려움을 이겨 나갈 힘을 북돋워 주려고 《삼국유사》를 쓴 거야.

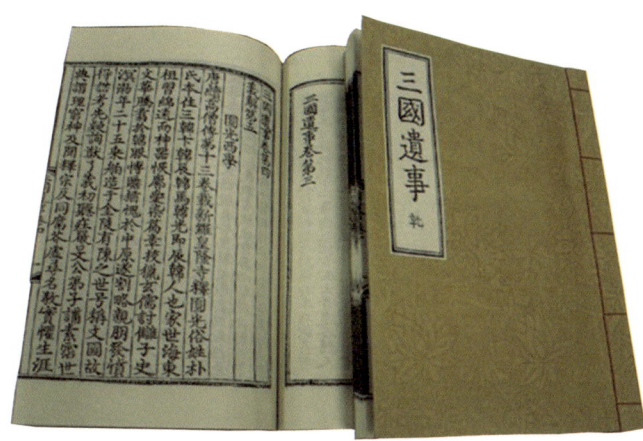

삼국유사

년부터 1,500년 동안 고조선을 다스렸어. 그러다가 기원전 4세기 무렵부터 단군왕검 대신 왕이라는 칭호를 사용했지."

은지가 아까부터 궁금했던 걸 물었다.

"쌤, 근데 고조선이랑 조선이랑 나라 이름이 비슷한데 무슨 상관이 있어요?"

"고조선의 원래 이름은 조선이야. 그런데 일연 스님이 《삼국유사》를 쓰면서 옛날에 있던 조선이라고 해서 고조선이라 불렀지."

"그럼 고려 다음에 세워진 조선이랑 헷갈릴까 봐 고조선이라 한 거군요?"

"아니야. 일연 스님은 고려 사람인데 나중에 이성계가 나라를 세우고 나라 이름을 조선이라고 할지 어떻게 알았겠니? 일연 스님은 단군왕검이 세운 조선과, 기원전 194년 중국 연나라에서 와서 조선의 왕 준왕을 내쫓고 왕이 된 위만이 다스린 조선을 구분하고자 한 거야. 앞의 조선은 고조선, 뒤의 조선은 위만 조선, 이렇게 말이지."

"아니 그럼 고조선이 위만이란 중국인에게 정복된 건가요?"

"위만은 머리에 상투를 틀고 고조선의 옷인 흰옷을 입고 고조선으로 왔어. 이런 사실로 미루어 봤을 때 위만은 연나라 사람이 아니라 고조선 사람이었다고 짐작할 수 있지."

가만히 듣고 있던 파래가 좀이 쑤셨는지 플라스틱 자를 휘두르며 싸우는 시늉을 했다.

"그럼 준왕과 위만이 청동 검으로 막 싸웠겠군요?"

"둘이 직접 칼을 들고 싸웠는지는 모르겠지만 청동 검은 아니야."

"고조선은 청동기를 바탕으로 세워진 나라라고 하셨잖아요?"

"단군왕검이 고조선을 세운 지 1,000년이 넘게 시간이 흘렀어. 많은 게 변

했겠지? 기원전 5세기경 중국은 철기 문화가 꽃을 피우고 있었어. 이젠 청동기가 아니라 훨씬 강한 철로 무기를 만들기 시작한 거야. 무기가 좋아졌으니 그다음엔 뭘 했을까?"

아이들이 동시에 대답했다.

"전쟁을 벌였겠죠!"

"맞아. 당시 중국은 전국 시대라고 해서 여러 나라가 전쟁을 벌여 아주 혼란스러운 시기였어. 이 난리통을 피해 많은 중국 사람들이 고조선으로 넘어왔단다. 이들을 통해 철기가 전해지면서 고조선도 철기를 사용하게 되었지."

파래가 플라스틱 자 대신 쇠숟가락을 들고 말했다.

"그럼 청동 검이 아니라 철로 만든 칼로 싸웠겠네요?"

"아마도 그랬겠지? 위만은 이 철기 문화를 바탕으로 나라의 힘을 키웠어. 철로 무기와 농기구를 만들어 군사력과 경제력을 함께 키웠고, 그 힘을 바탕으로 영토를 넓혀 나갔지."

"고조선의 영토는 어디에서 어디까지였어요?"

"기록이 남아 있지 않아 정확히는 알 수 없어. 하지만 중국과는 다른 고조선만의 유물과 유적을 통해 그 문화 범위를 짐작할 수 있지. 이것을 보렴."

빡쌤은 태블릿 컴퓨터에 칼과 토기와 고인돌 모양을 띄워 보이며 말했다.

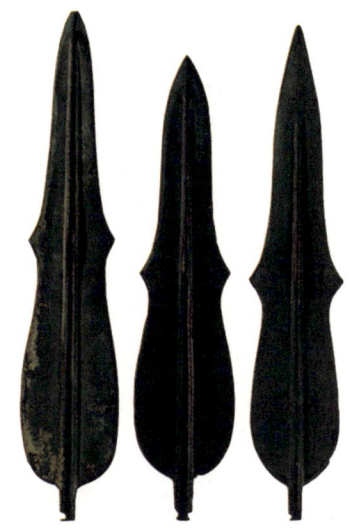

비파형 동검
손잡이를 따로 만들어 조립해서 사용했어.

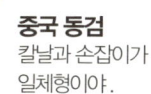

중국 동검
칼날과 손잡이가 일체형이야.

"첫 번째 유물은 고조선 사람들이 만든 비파형 동검인데 비파처럼 생겼다고 해서 붙여진 이름이야. 비파형 동검은 칼날과 손잡이를 따로 만들어 조립해서 사용했어. 반면 중국 동검은 칼날과 손잡이를 한 덩어리로 만들었지. 즉 어느 지역에서 중국 동검이 아닌 비파형 동검이 발굴되었다면 바로 그곳이 고조선의 영토였다고 볼 수 있지. 다른 유물로는 미송리식 토기가 있고, 유적으로는 탁자형 고인돌이 있어. 이것들을 통해서 고조선의 문화 범위를 알 수 있단다."

"쌤, 고조선도 나중엔 철기를 사용했는데 그럼 동검이 아니라 철검을 통해 영토의 범위를 알아내야 하는 것 아닌가요?"

"아니. 철기 시대에도 동검을 만들었어. 다만 칼날의 모양이 길고 가늘게 변했지. 이것을 세형 동검이라고 하는데 한반도 전역에서 두루두루 발견되었어. 아무튼 고조선의 영토는 이 그림과 같아."

빡쌤은 태블릿 컴퓨터에 지도 모양을 띄워 아이들에게 보여 주었다.

"와아, 고조선의 영토가 이렇게나 넓었어요?"

아이들은 중국의 만주와 요령 지역으로 드넓게 펼쳐진 고조선의 영토를 보며 환호성을 질렀다.

"그런데 이렇게 고조선이 영토를 넓혀 가자

세형 동검
철기 시대의 동검으로 한반도 전역에서 발견됐어.

미송리식 토기
민무늬 토기로 청동기 시대에 만들어진 거야. 달걀 모양의 몸체에 손잡이가 달려 있지. 평안북도 의주군 미송리 동굴에서 발견되었어.

위협을 느낀 나라가 있었어."

"어떤 나라요?"

아이들이 고조선과 한판 붙을 나라가 어디인지 몹시 궁금했다.

'싸우자, 싸우지 말자' 서로 다투다 최후를 맞다

"중국을 통일한 한나라였단다. 한나라는 고조선의 세력이 지나치게 커질 것이 두려웠어. 그래서 싸움을 걸 핑곗거리를 찾고 있었지. 마침 위만의 손자 우거왕이 다른 나라들이 한나라와 직접 교류하는 것을 막고 동북아시아의 무역을 몽땅 휘어잡았어. 이걸 구실로 한나라의 무제는 육군 5만 명, 해군 7,000명을 이끌고 고조선으로 쳐들어왔어."

"그래서 어떻게 됐어요?"

"고조선 군사는 한나라 군사에 맞서 1년 이상 잘 싸웠지만 결국 수도였던 왕검성이 함락되고 말았어."

"왕검성이 그렇게 쉽게 무너지다니 참 허무해요."

드넓은 고조선의 영토에 환호했던 아이들은 크게 실망했다.

"사실 왕검성이 무너진 건 한나라의 힘이 아니라 고조선 지배층의 분열과 배신 때문이었어. 한나라와 싸우자는 쪽과 한나라와 싸우지 말고 평화롭게 지내자는 쪽이 서로 다투었던 거야. 그러다 싸우지 말자는 쪽 사람들이 우거왕을 죽이고 한나라의 편이 되었지."

"자기 편을 죽이고 적의 편에 들다니……."

마토가 분을 참지 못하고 주먹을 부르르 떨었다.

"고조선의 장수 성기는 남은 사람들과 힘을 모아 한나라에 대항해 계속 싸웠어. 거센 저항에 한나라의 대군도 속수무책이었지. 그러다 한나라 장군에게 넘어간 우거왕의 아들과 무리가 성기를 죽이면서 결국 기원전 108년 왕검성은 무너지고 고조선은 멸망하고 말았지. 한나라는 고조선 땅에 군현을 두어 고조선 사람들을 다스리려 했단다."

"아, 실망이야. 우리 조상들이 그렇게 바보 같았다니. 더 이상 한국사 공부하기 싫다."

파래는 맥이 빠져 바닥에 벌렁 누워 버렸다. 다른 아이들도 한국사 공부에 오만 정이 다 떨어져 천장만 바라보았다.

"역사에는 승리의 장면만 있는 건 아니야. 오히려 어리석고 한심한 사건이 더 많지. 그러나 어리석은 역사를 배움으로써 미래에는 다시 잘못을 반복하지 않을 수 있어. 이것이야말로 우리가 역사를 배우는 가장 중요한 이유지."

하지만 아이들은 기분을 완전히 망쳐 빡쌤의 말이 귀에 들어오지 않았다. 책상에 얼굴을 갖다 대고 축 늘어져 한숨만 푹푹 내쉬었다.

"한국사 공부를 하기 싫으면 여기서 그만둬도 돼. 하지만 고조선이 무너진 땅에서 우리 역사상 가장 강하고 멋진 나라가 세워졌는데, 알기 싫다면 할 수 없지, 뭐."

빡쌤은 태블릿 컴퓨터를 챙겨 들고 자리에서 일어났다. 아이들이 번쩍 고개를 들었다.

"가장 강하고 멋진 나라요?"

"그게 어느 나란데요?"

마토와 파래는 우리 역사상 가장 강한 나라가 도대체 어느 나라인지 궁금해 빡쌤의 옷자락을 붙잡고 늘어졌다. 똑똑한 은지는 빡쌤이 말하는 나라가

어디인지 아는 듯 빙그레 웃었다.

"알고 싶어?"

아이들은 동시에 꿈틀이 떠나갈듯이 큰 소리로 대답했다.

"네!"

철기 문화를 바탕으로 세워진 여러 나라

"고조선은 멸망했지만 곧 다른 나라가 뒤를 이어 생겨났어. 북쪽에는 부여*와 고구려가 세워지고, 그 아래 북동쪽에는 옥저와 동예가, 한반도의 남쪽에는 삼한이 세워졌지. 고조선이 청동기 문화를 바탕으로 시작해서 철기 문화로 발전한 나라라면 부여, 고구려, 옥저, 동예, 삼한은 철기 문화를 바탕으로 세워진 나라들이야."

"철기는 철로 만든 도구를 말하죠?"

나서기 좋아하는 파래가 다들 알고 있는 내용을 새삼스레 말하자 이야기에 몰입하고 있던 아이들은 가만히 있으라고 눈치를 주었다.

"맞아. 철로 만든 철기는 청동기보다 훨씬 단단하고 날카롭지."

"쌤, 철기가 그렇게 좋은 도구라면 청동기처럼 지배자가 몽땅 차지해 제사용 도구나 무기로만 사용했겠네요?"

"아니, 그 반대야. 땅속에는 철이 구리보다 훨씬 많이 묻혀 있어서 구하기가 쉬웠지. 이런 이유로 무기, 농기구 할 것 없이 모두 철기로 만들었어. 철기는 농사짓는 평민들까지 널리 사용했단다."

> 부여는 고조선이 멸망한 뒤가 아니라 고조선 말기에 세워졌어. 그러나 고조선 이후에 여러 나라 특히 고구려와 경쟁하며 오랫동안 존재했기에 고조선 이후 세워진 나라로 다루었단다.

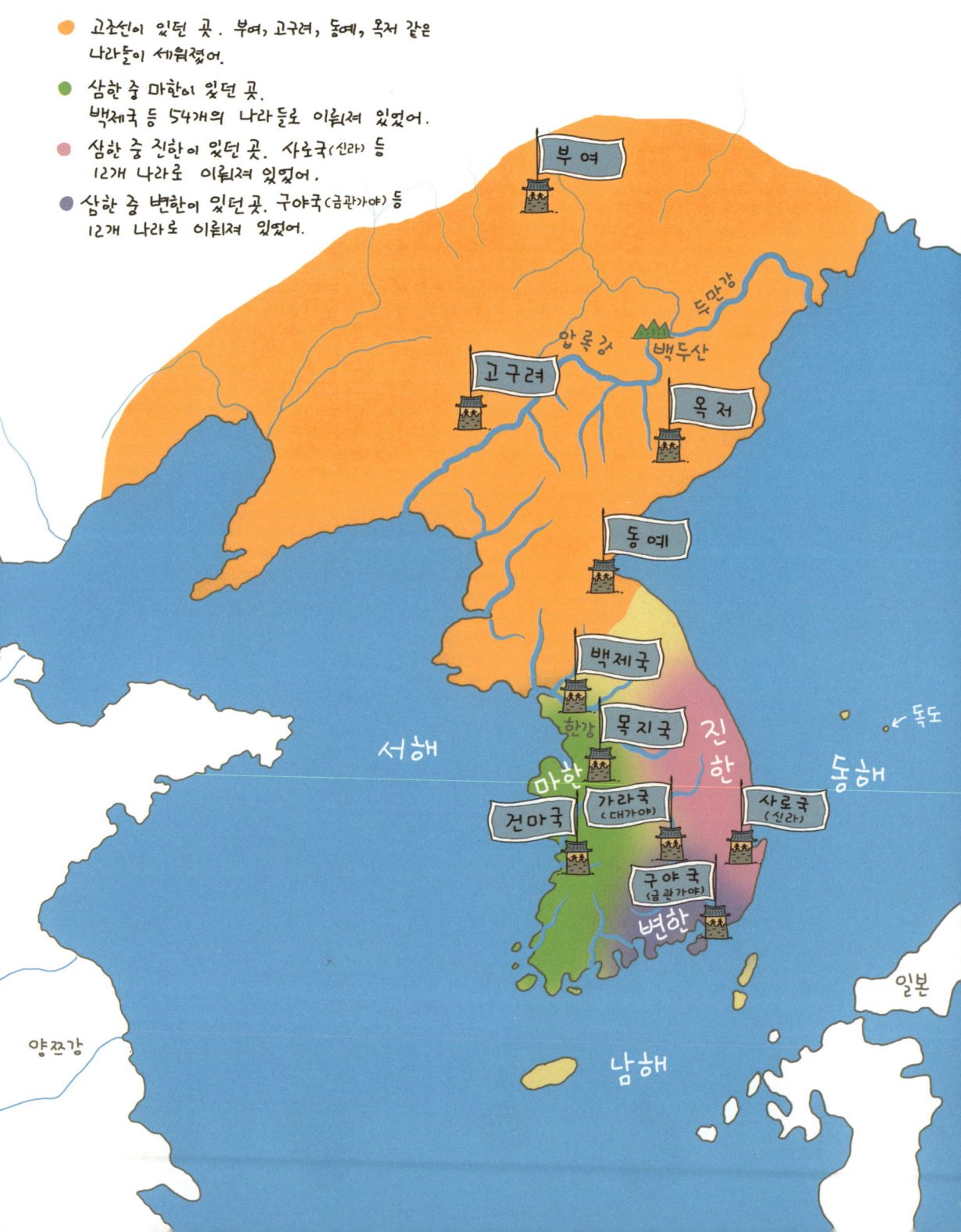

"야! 농민들은 신났겠다. 돌로 짓던 농사에서 철로 짓는 농사로 껑충 발전했으니까."

파래가 껑충껑충 계단을 한꺼번에 뛰어오르는 흉내를 냈다.

"철로 만든 괭이로 땅을 깊이 갈 수 있었어. 따라서 농작물이 쉽게 뿌리를 내려 잘 자랐지. 또 철로 만든 낫으로 곡식을 베니 많은 양을 쉽게 거두어들일 수 있었어. 강하고 날카로운 철로 만든 무기로는 적들을 단번에 물리칠 수 있었지. 그러니까 철기를 사용함으로써 경제력과 군사력이 그 전과는 비교가 안 될 정도로 커진 거야."

"쌤, 한나라를 긴장하게 할 정도로 강해진 고조선의 힘도 철기에서 나왔고, 한나라와 맞서 싸울 수 있었던 힘도 다 철기에서 나왔겠네요?"

똑똑이 은지가 말했다.

"그래. 그렇게 발달한 고조선의 철기 문화는 고조선이 멸망한 뒤 만주와 한반도 여기저기로 퍼져 나갔어. 나라 잃은 고조선 백성들은 뿔뿔이 흩어져 돌아다니다 정착하면서 그곳에 원래 살던 사람들에게 자신들이 갖고 있는 철기 제작 기술을 알려 주었거든. 그러니까 고조선은 망했다기보다 여러 덩어리로 나뉘었다가 새로운 나라로 다시 살아났다고 할 수 있지."

"부여, 고구려, 옥저, 동예, 삼한이 고조선의 철기 문화를 바탕으로 나라를 세울 수 있었다는 거군요. 철기 문화를 통한 고조선의 부활이네요."

"그렇지. 은지는 기억력도 좋지만 요점도 참 잘 파악하는구나."

은지가 칭찬을 받자 샘이 난 마리가 질문했다.

"쌤, 부여라면 충청남도에 있잖아요? 고모가 거기 사시거든요."

"충청남도 부여는 백제 성왕 때 나라 이름을 '남부여'라고 했는데 그 흔적이 지금까지 남아 있는 거야. 내가 지금 말하는 부여는 만주 쑹화강(송화강)

쑹화강 전경
고대 국가인 부여는 만주 쑹화강 유역의 넓은 평야 지대를 중심으로 성장했어. 땅이 평평하고 기름진 이곳은 곡식이 풍성하게 자랐다고 해.

유역에서 생겨나 고조선 바로 다음, 우리나라에서 두 번째로 세워진 나라를 말하는 거지."

"아! 전 또 그 부여가 그 부여인 줄 알았죠."

마리가 시무룩한 표정으로 말했다.

"그렇다고 마리의 말이 뜬금없는 소리는 아냐. 다음 시간에 배우겠지만 고구려를 세운 주몽은 부여 출신이었어. 또 백제를 세운 온조도 주몽의 아들이니 부여 출신인 셈이지. 백제 성왕은 나라가 어려울 때 만주 벌판을 호령했던 부여의 후예임을 널리 알리기 위해 나라 이름을 남부여로 바꿨어. 그 영향으로 충청도 지역에 부여라는 지명이 생긴 것이고."

빡쌤은 말을 마치자마자 갑자기 가방 속에서 윷을 꺼냈다.

"와! 쌤, 오늘 윷놀이 하려고 가져오신 거예요?"

놀기 좋아하기로 둘째가라면 서러운 파래가 신이 나서 말했다.

"이 윷 안에는 부여의 족장 이름이 들어 있단다."

"도개걸윷모가 족장 이름이라고요?"

"부여는 영토의 네 방향에 자리잡은 강한 족장들에 의해 다스려졌어. 이들을 마가, 우가, 저가, 구가라 불렀는데, 각각 말, 소, 돼지, 개를 상징으로 삼는 종족이었지."

"쌤, 도개걸윷모와 마가, 우가, 저가, 구가는 글자가 다른데요?"

"왜? 도는 돼지, 개는 개, 걸은 양, 윷은 소, 모는 말!"

"그런데 윷놀이의 패와 부여 족장의 수가 달라요. 양은 왜 없죠?"

"그건 아마 부여에서 기르는 가축 중에 양이 차지하는 비중이 크지 않았기 때문일 거야."

"쌤, 부여에는 네 명의 족장만 있고 왕은 없었나요?"

"왕도 있었지. 그런데 왕은 나라 전체가 아닌 중심에 있는 지역만 다스렸어. 중앙을 둘러싼 네 지역을 족장 네 명이 각각 독립적으로 다스렸지. 그러다 보니 왕의 힘이 약했어. 이렇게 왕권이 약하고 여러 족장이 각각 독립적으로 자기 지역을 다스리는 국가를 연맹 왕국이라고 해."

"그럼 동예, 옥저, 삼한에도 왕이 있었겠네요?"

"아니, 동예와 옥저는 왕을 중심으로 통일된 나라를 만들지 못하고 족장들이 각각 다스리는 군장 국가에 그치고 말았지. 하지만 마한, 진한, 변한으로 이뤄진 삼한 가운데 마한 목지국의 지배자가 왕으로 추대되어 진왕이라 불렸어."

"그럼 동예, 옥저, 삼한은 어떻게 되었나요?"

"동예와 옥저는 힘센 고구려의 간섭을 계속 받다가 결국 고구려에 흡수되었어. 삼한 중에 마한은 백제로, 진한과 변한은 신라와 가야로 발전했지. 다음 시간엔 삼국과 가야를 배울 거야."

빡쌤이 여기까지 말했을 땐 벌써 저녁 8시가 지나고 있었다.

밑줄 쫙! 은지의 한국사 노트

- 🌼 청동기 문화를 바탕으로 생겨난 우리 민족 최초의 국가는,
  고조선

- 🌼 고조선을 건국한 사람은 단군왕검이다. 단군은 ☐☐☐을 뜻하고 왕검은 ☐☐
  ☐ ☐☐☐를 뜻한다. 이것은 고조선이 ☐☐☐☐ 사회임을 보여 준다.
  제사장, 정치적 지배자, 제정일치

- 🌼 고조선 건국과 관련된 신화는,
  단군 신화

- 🌼 단군 신화에서 환웅이 비, 바람, 구름을 다스리는 신하와 함께 땅에 내려왔다
  는 내용에서 알 수 있는 역사적 사실은,
  농사가 중요했음을 알 수 있다. 비, 바람, 구름은 농사짓는 데 중요한 요소들이기 때문이다.

- 🌼 단군 신화에서 곰이 사람으로 변해 환웅과 결혼했다는 내용을 통해 알 수 있
  는 역사적 사실은,
  곰을 섬기던 부족과 하늘을 섬기던 부족이 연합하여 고조선을 건국했다.

- 🌼 고조선의 문화 범위가 중국의 만주, 요령 지역, 한반도 서북부 지역임을 알
  게 해 주는 유물 유적은,
  비파형 동검, 탁자식 고인돌, 미송리식 토기

밑줄 쫙! 은지의 한국사 노트

❀ 중국 연나라에서 머리에 상투를 틀고 흰옷을 입고 와 준왕을 몰아내고 왕이 된 사람은,

위만

❀ 위만 조선은 ⬜⬜ 문화가 발전했으며 중계 무역이 발달하였다.

철기

❀ 고조선의 법에는 ⬜⬜⬜이 있었는데 현재 3가지만 전해진다. 고조선의 법을 통해 고조선 사회가 ⬜⬜을 존중했고, ⬜⬜ ⬜⬜을 인정했으며, ⬜⬜ ⬜⬜ 였음을 알 수 있다.

8조법, 생명, 사유 재산, 화폐 사용

❀ 고조선이 멸망한 뒤 고조선 유민들에 의해 널리 퍼진 철기 문화를 바탕으로 등장한 여러 나라는,

(왼쪽부터) 부여, 고구려, 옥저, 동예, 삼한(마한,진한,변한)

❀ 부여는 한 명의 왕과 네 명의 족장이 함께 연합해서 다스렸다. 이런 국가 형태를 ⬜⬜ ⬜⬜ 이라 한다.

연맹 왕국

❀ 철기시대에 만들어진 철로 된 도구는,

(왼쪽부터 농기구) 쇠괭이, 쇠삽날, 쇠낫, (왼쪽부터 무기) 쇠화살촉, 쇠도끼, 쇠창

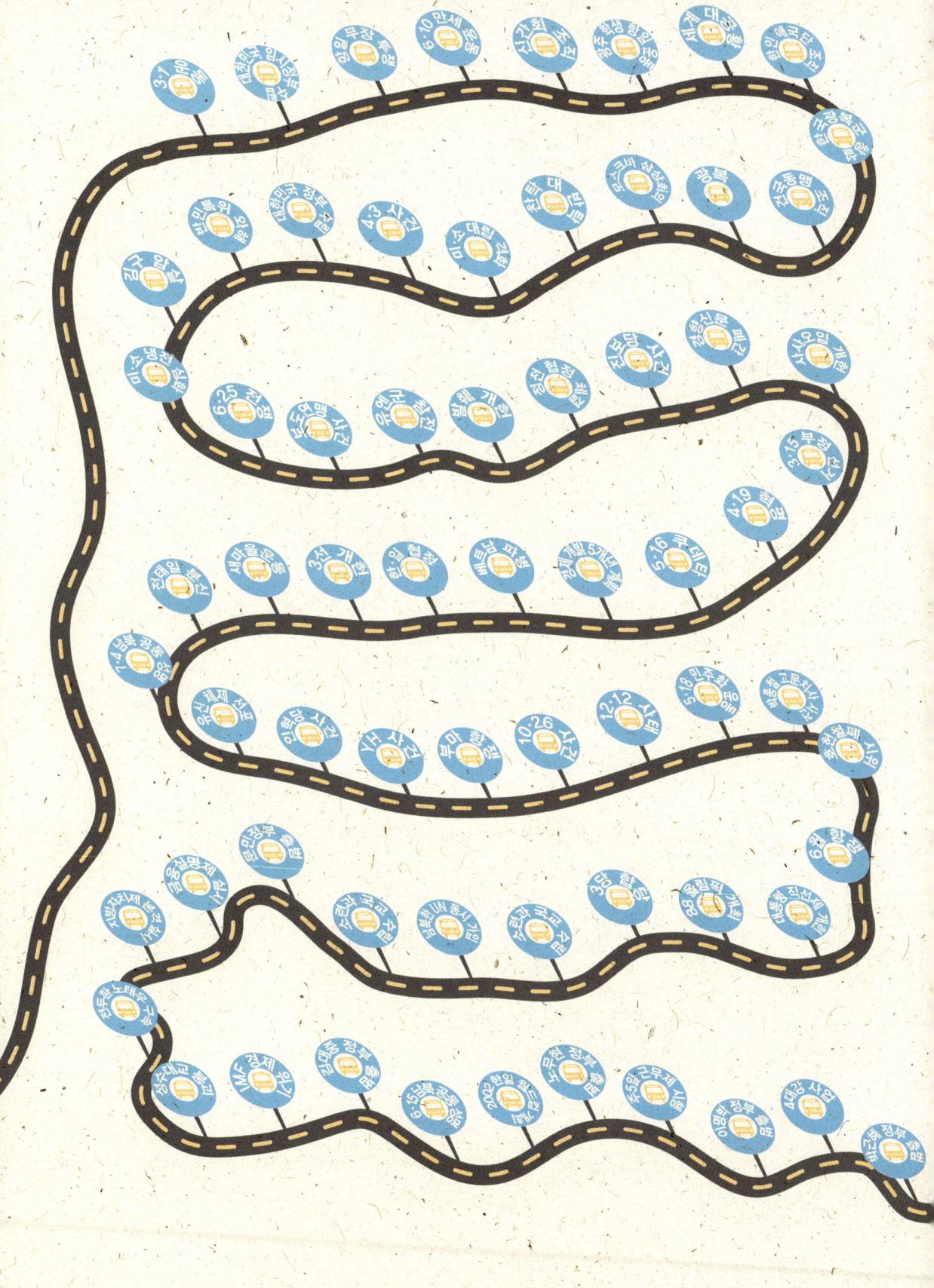

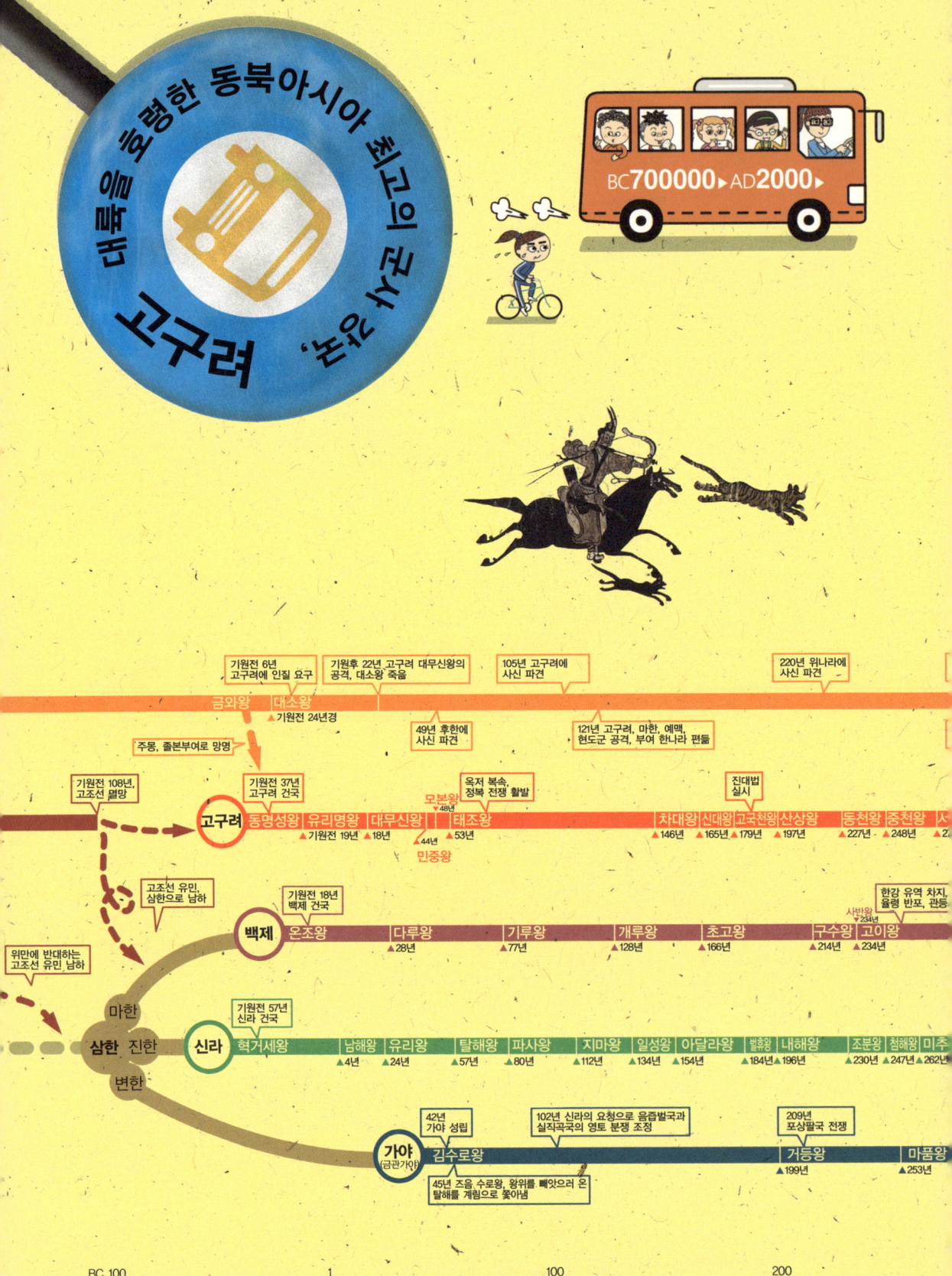

고조선이 멸망한 뒤, 나라 잃은 사람들은 사방으로 흩어졌어. 그들 중 일부는 한반도 남쪽으로 내려가 우리 민족의 또 한 부류인 한족과 결합해서 나라를 세웠지. 그러면 무너진 고조선의 옛 영토 만주 벌판에서는 어떤 일이 벌어졌을까?

고조선이 무너진 뒤 만주 벌판에는 여러 작은 부족들이 작은 나라를 다시 세우고 저마다 살 길을 찾아갔지. 그리고 얼마 후 우리 민족이 세운 나라인 부여에서 한 세력이 떨어져 나와. 그들은 졸본으로 가서 그곳 부족과 힘을 합쳐 나라를 세우지. 그 나라가 바로 우리 민족 역사상 가장 강한 나라였던 고구려야. 고구려를 세운 사람은 나중에 동명성왕으로 불리는 주몽이지.

한반도 중북부 지역부터 드넓은 만주 벌판을 말달리던 고구려. 그 자랑스러운 역사의 현장으로 함께 달려가 볼까?

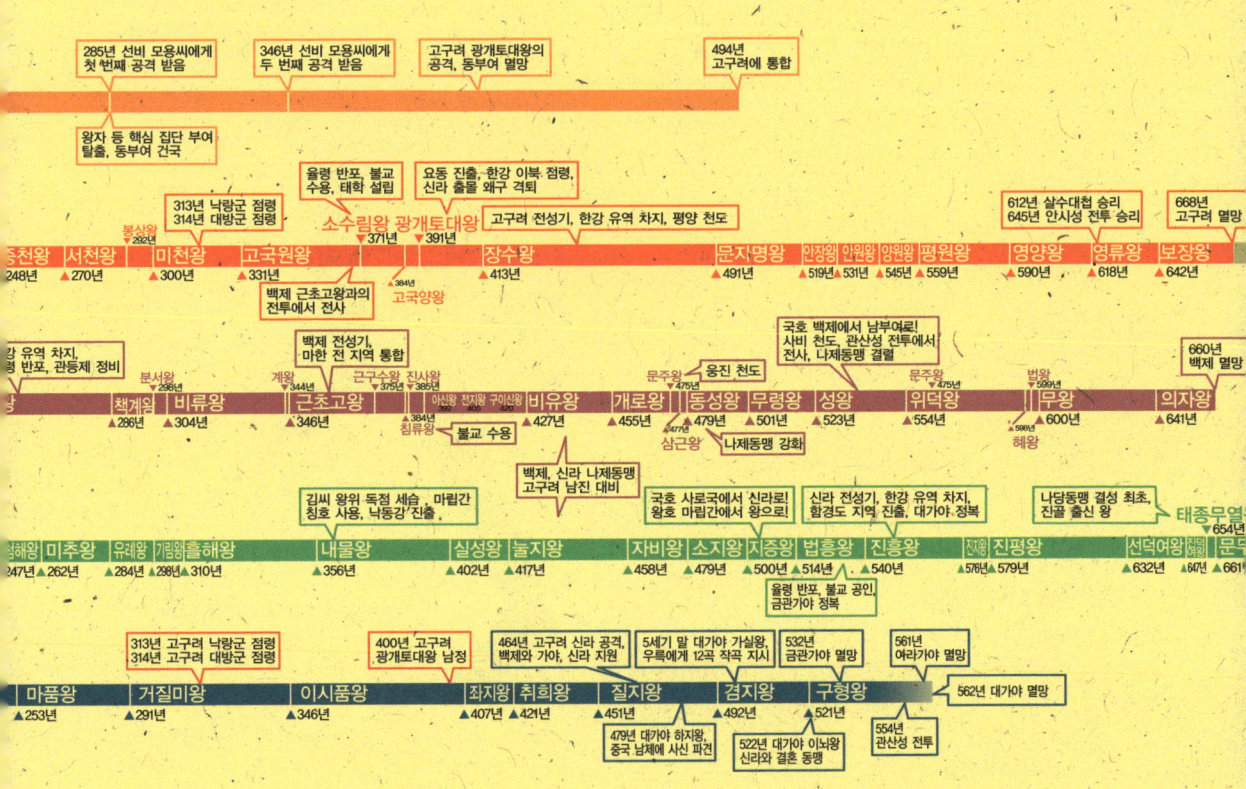

고조선의 옛 땅에 고구려가 세워지다

"나는 하늘에서 온 신의 아들이다!"

파래가 햇빛이 들어오는 창문을 등지고 아이들에게 소리쳤다. 태양이 마침 파래의 머리 뒤에서 빛나고 있어서 파래가 후광을 업고 있는 것 같았다.

"야, 너 또 청동기 시대 족장 흉내 내는 거야? 이제 그만 좀 하지?"

시루가 눈이 부신지 인상을 잔뜩 찌푸리며 말했다.

"태양처럼 빛나는 내 모습을 보면서도 고작 족장이라고? 한심한 녀석."

파래가 혀를 날름거리며 말했다.

화가 난 시루가 주먹을 불끈 쥐고 일어나자 파래가 현관문 쪽으로 냅다 뛰었다. 그때 마침 문이 열리며 빡쌤이 들어섰다. 파래는 달리던 속도를 줄이지 못하고 빡쌤에게 쿵 하고 부딪쳤다.

"어어어, 안 돼!"

깜짝 놀란 빡쌤이 무엇인가 든 손을 위로 번쩍 들며 벌러덩 넘어졌다. 그러면서도 손에 든 물건이 떨어질세라 팔은 들고 있었다.

소동이 가라앉자 탁자에 둘러앉은 아이들은 빡쌤이 들고 온 물건의 정체가 궁금해서 눈동자를 빙글빙글 돌렸다. 물건은 크고 둥근 것이었는데 보자기에 싸여 있어서 알 수가 없었다.

"쌤, 그만 뜸 들이고 개봉해 주세요. 너무 궁금해요."

"좋아, 기대하라고. 두구두구둥!"

마침내 빡쌤이 보자기를 풀었다. 보자기 속 물건을 보는 순간 여기저기서 탄성이 터졌다.

"우아!"

보자기에서 나온 것은 배구공만 한 타조 알이었다. 아이들은 생전 처음 보는 타조 알 주변으로 바싹 모여들었다.

"오늘은 고구려에 관해 공부할 거야. 고구려를 세운 사람은 바로 알에서 태어났단다."

타조 알도 신기한 판에 사람이 알에서 태어났다니, 아이들의 눈이 호기심으로 반짝였다.

"정말요?"

"쌤, 어떤 얘기인지 빨리 해 주세요."

빡쌤은 마치 옛날이야기를 하는 할아버지처럼 턱을 한번 쓱 쓸더니 말을 시작했다.

"지금으로부터 2,060여 년 전, 아주아주 오래전 일이야. 물의 신 하백의 딸 유화가 하늘 신의 아들인 해모수와 몰래 사랑에 빠졌어. 이 사실을 안 하백은 유화를 쫓아냈지. 마침 부여의 왕 금와왕이 사냥을 나왔다가 갈 곳이 없는 유화를 만나 궁으로 데려갔어.

어느 날 햇빛이 유화를 비추며 따라다닌 뒤로 유화는 커다란 알을 낳았어. 금와왕은 불길하다며 알을 갖다 버리라고 했지. 그런데 들짐승들은 알을 깨뜨리거나 먹지 않고 오히려 보듬어 주었던 거야. 금와왕은 별수 없이 알을 유화에게 돌려주었어. 그리고 얼마 뒤 알에서 사내아이가 하나 나왔는데 그가 바로 주몽이야."

"에이, 어떻게 사람이 알에서 나와요?"

시루가 고개를 저었다.

"단군 신화 공부할 때 쌤이 뭐라고 했는지 기억나니?"

"신화는 말 그대로 받아들이지 말고 그 속에 숨은 역사적 사실을 생각하라

고 하셨죠."

은지가 지그시 눈을 감고 고조선을 공부하던 때를 떠올리며 대답했다.

"그렇지. 여기서 알은 태양을 의미해. 즉 알에서 나왔다는 건 태양에서 왔다는 거고, 이 말은 주몽이 하늘에서 온 고귀한 사람이란 거지."

"아, 그럼 주몽도 신의 아들이고 그의 말과 행동은 하늘의 뜻이다, 뭐 그런 거군요?"

마리가 예전에 배운 게 떠올라 손뼉을 쳤다. 이때 시루는 마토의 손등을 세게 내리쳤다. 마토가 침을 흘리며 타조 알을 만지고 있었기 때문이다.

"주몽은 능력이 남달라서 일곱 살 때 이미 활을 직접 만들어서 쏘았는데 쏘았다 하면 백발백중이었어. 주몽은 활을 잘 쏘는 사람이라는 뜻이야. 금와왕의 일곱 왕자들은 자랄수록 더욱 뛰어난 능력을 발휘하는 주몽을 시샘했

오녀산성
고구려의 첫 도읍지야. 사진에서 보듯이 절벽 위에 있어서 적들의 공격을 막기에 아주 좋았지. 정상은 넓은 평지로 되어 있고 우물도 있어서 하늘이 내려 준 요새였어.

어. 왕자들이 자신을 해칠 음모를 꾸미는 걸 눈치챈 주몽은 자기를 따르는 무리를 데리고 남쪽으로 도망쳤어. 주몽과 그 무리는 한반도 북쪽의 졸본부여에 이르렀지. 졸본부여는 다섯 부족이 어울려 살고 있었어. 주몽은 그 가운데 계루부의 족장 연타취발의 눈에 들어 그의 딸 소서노와 혼인을 했지. 주몽의 뛰어난 능력으로 계루부는 졸본부여에서 가장 힘이 세졌어. 이후 주몽은 다섯 부족 전체의 왕이 되었고 나라 이름을 고구려로 정했지. 그 나라가 바로 우리나라 역사상 가장 강한 고구려야."

용맹함을 바탕으로 성장한 고구려

빡쌤은 태블릿 컴퓨터에 무용총 수렵도를 띄워 아이들에게 보여 주었다.

"이 그림을 봐. 고구려 사람들이 사냥하는 모습이야. 강하고 날렵한 기운이 느껴지지 않니?"

"우리나라 양궁이 세계 최고인 것도 우리가 고구려의 후예이기 때문일까요?"

무술과 무기에 관심이 많은 태권 소녀 시루가 활시위를 당기는 자세를 취하며 말했다.

"그럴지도 모르지, 하하. 이러한 용맹함을 바탕으로 고구려는 평야 지대가 적고 험한 자연 환경 속에서도 중국의 한나라와 싸우며 점점 더 강한 나라로 성장했어."

"야, 고조선이 망할 땐 정말 속상했는데 이제야 기분이 좀 풀리네."

파래가 얹힌 것이 내려갔다는 듯 가슴을 쓸어내렸다.

무용총 수렵도
고구려 고분 무용총 안에 그려져 있는 벽화인 수렵도야. 말을 타고 마치 묘기라도 부리듯 몸을 돌려 활을 겨누는 모습에서 고구려 사람들이 얼마나 무술에 뛰어났는지 알 수 있겠지?

"그런데 소서노에게는 아들이 둘 있었는데, 바로 비류와 온조야. 어느 날 주몽이 부여에 있을 때 결혼해 낳은 아들인 유리가 찾아왔어. 주몽은 유리에게 태자 자리를 주었지."

"어, 그럼 비류와 온조는 어떻게 해요? 자기들이 다음 왕이 될 줄 알았는데 느닷없이 나타난 유리가 그 자리를 차지해 버렸으니……."

대륙을 호령한 동북아시아 최고의 군사 강국, 고구려

마토는 마치 자기가 태자 자리를 잃기라도 한 듯 구슬픈 목소리로 말하며 타조 알을 껴안았다. 그러나 이번에도 시루의 매운 손바닥이 마토의 이마를 강타했다.

"고구려에서 설 자리를 잃은 비류와 온조는 어머니인 소서노와 함께 고구려를 떠나 한반도 남쪽으로 내려갔어. 거기서 자신들만의 나라를 세우지. 그 나라가 백제야."

"대단한 사람들이네요. 왕위를 물려받지 못하게 되니까 자기가 직접 나라를 세우고 왕이 된 거잖아요?"

은지는 한 집안에서 고구려와 백제, 두 개의 나라가 나온 사실을 알고는 혀를 내둘렀다.

"대단한 사람은 주몽의 아내 소서노지. 남편에게는 부족의 힘을 모아 주어 고구려를 세울 수 있게 하고, 나중엔 아들을 도와 백제를 세웠으니 말야."

빡쌤의 말에 아이들 모두 고개를 크게 끄덕였다.

"동명성왕으로 불리던 주몽이 죽고 왕위를 이어받은 유리는, 농사지을 땅이 별로 없는 졸본에서 압록강 근처에 있는 국내성으로 수도를 옮겼어. 국내성은 큰 강을 끼고 있었고 졸본보다 땅이 넓고 기름져서 농사짓기에 괜찮았지. 고구려는 이후 주변의 작은 나라들을 정복하며 발전해 나갔어. 태조왕 때는 옥저와 동예까지 손에 넣으며 세력을 넓혔지."

"정복한다는 건 강제로 무릎을 꿇려 자기 밑에 두는 거잖아요? 너무한 거 같아요."

은지가 전쟁 때문에 죽어 가는 어린이들을 떠올리며 말했다. 빡쌤은 은지의 어깨를 감싸며 말을 이었다.

"고구려가 있던 때는 다른 나라를 정복함으로써 힘을 키우던 시대야. 다른

국내성 터
국내성은 고구려의 두 번째 수도야. 기원후 3년 유리왕 때 수도를 졸본성에서 국내성으로 옮겼어. 국내성 성벽의 길이는 약 2,700미터였다고 하는데, 사진처럼 지금도 그 터가 남아 있어.

나라를 정복하면 곡식을 거둘 좋은 땅과 일꾼을 얻을 수 있었거든. 정복당한 나라의 지배층은 정복한 나라의 신하가 되었고 지배층이 아닌 평민들은 대부분 노비가 되었지. 노비는 물건처럼 팔고 팔리며 비참한 삶을 살아야 했어. 지배층인 귀족들은 잘 먹고 잘살았지만, 죽어라 일해 거둔 곡식을 나라에 대부분 바쳐야 했던 백성들은 살기가 정말 힘들었어. 심지어는 먹을 게 없어 제 발로 노비가 될 지경이었으니까."

"그렇게 백성이 고통을 당하는데 나라에서는 대체 뭘 하고 있었죠?"

불의를 보면 참지 못하는 시루가 주먹을 불끈 쥐고 탁자를 탕 내리쳤다.

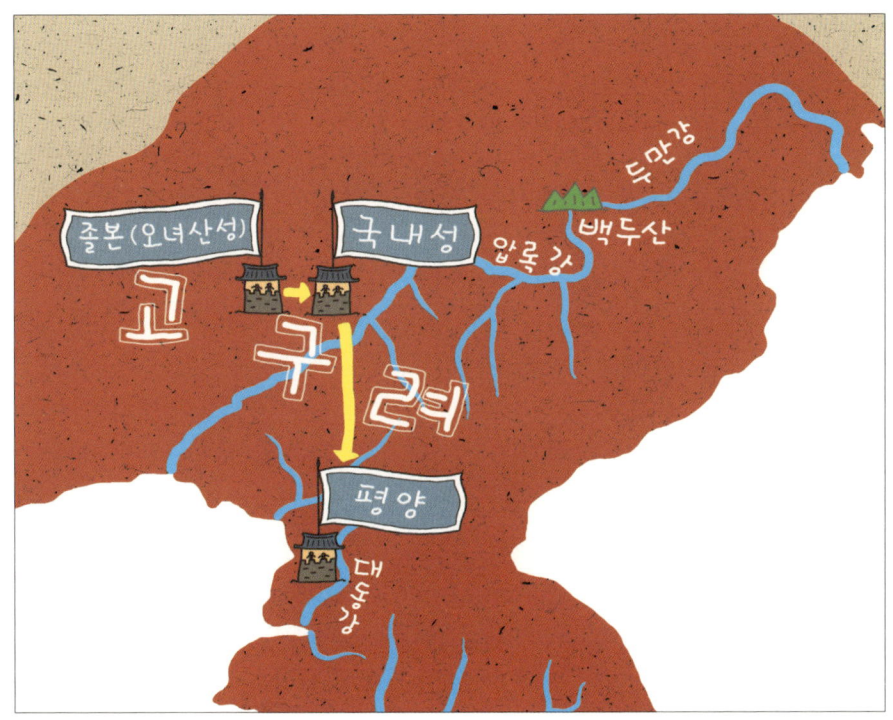

고구려 도읍지
졸본(오녀산성)을 첫 번째 도읍지로 삼은 고구려는 이후 좀 더 넓은 국내성으로 도읍을 옮겼어. 그리고 남쪽으로 영토를 넓힌 장수왕 때는 평양으로 도읍을 또 옮겼지.

백성의 배고픔을 해결하라, 진대법

"참혹한 백성들의 삶을 목격한 고구려의 아홉 번째 왕 고국천왕은 재상 을파소의 건의를 받아들여 진대법을 만들었어. 진대법은 먹을 게 없는 백성들에게 봄에 곡식을 꾸어 주고 가을에 갚도록 한 법이야. 백성들이 굶주리지 않게 되자 나라의 힘도 강해졌고 왕의 권위도 높아졌지."

"백성들이 잘 먹으면 백성들 몸이 강해지지 왜 나라가 강해져요?"

마리가 고개를 갸웃했다.

"왜냐고? 백성들이 건강하게 잘 살아야 열심히 일해서 세금도 내고, 성을 쌓을 돌도 나르고, 전쟁이 나면 무장을 하고 전투에 나갈 수 있으니까. 굶주려서 골골하면 아무것도 할 수 없잖아? 게다가 자신들을 굶주림에서 구해 준 왕을 믿고 따를 테니, 왕을 따라 전쟁에 나가 더 열심히 싸웠을 거야."

"저도 고구려 백성처럼 배가 고파 아무것도 못 하겠어요."

마토가 타조 알을 간절한 눈길로 바라보며 말했다. 이번엔 시루와 다른 아이들도 마토와 같은 마음인지 고개를 끄덕였다.

"내가 타조 알을 전시용으로만 쓰려고 가져왔겠니? 조금 있다가 먹게 해 줄 테니 조금만 더 공부하자."

아이들은 타조 알을 먹을 수 있단 생각에 갑자기 힘이 솟아 눈에서 광선이 나올 것만 같았다.

"이런 힘을 바탕으로 고구려는 정복 전쟁을 계속하면서 영토를 넓혀 갔어. 고국원왕은 농사가 잘되는 남쪽 지방에 눈독을 들였지. 그 땅이 한강을 중심으로 발전하고 있던 백제의 영토였어. 그때 백제의 왕이 누구냐 하면, 백제 역사상 최고의 전성기를 이끈 근초고왕이었단다. 그런 백제의 땅을 차지하겠다고 전쟁을 일으켰으니 결말이 알 만하지? 고국원왕은 두 번에 걸친 공격에서 모두 실패하고, 도리어 근초고왕의 강력한 역습을 받았지. 결국 고국원왕은 죽고 고구려는 백제에 많은 영토를 빼앗기고 말았단다."

"상대를 잘못 알고 덤볐다가 된통 당한 거군요."

시루에게 번번이 당하는 파래가 시루의 눈치를 보며 말했다. 시루는 알아서 모시라는 뜻으로 주먹을 들어 보였다.

대륙을 호령한 동북아시아 최고의 군사 강국, 고구려

율령, 종교, 교육으로 나라의 기초를 다지다

"고국원왕의 뒤를 이은 소수림왕은 아버지 고국원왕의 죽음에서 깨달은 게 있었어. 영토를 넓히는 것도 중요하지만 나라의 기초를 튼튼히 하는 것이 더 중요하다는 사실 말이지. 그래서 소수림왕은 나라의 질서를 바로잡기 위해 율령*을 반포해."

"율령 반포가 어떻게 나라의 기초를 튼튼하게 하죠?"

"법을 통해 나라의 구성원들이 지켜야 할 것을 분명히 해야 쓸데없는 분쟁이 없어지지. 죄에 대한 벌을 분명히 하면 함부로 죄를 짓지도 않겠지. 그러면 나라의 질서가 잡히고 안정을 이룰 수 있단다."

*율령
고대 국가의 법률로, '율'은 형벌 법규이고 '령'은 행정 법규를 말해.

"쌤, 그럼 전 제 몸에 율령을 반포해 기초를 튼튼히 할 거예요."

마토의 말에 모두들 의아한 표정을 지었다.

"무슨 소리야, 그게?"

"앞으로 몸에 좋지 않은 건 먹지 않고 규칙적으로 운동하라고 법으로 정하고 지키겠다는 거지."

그제야 무슨 말인지 알아들은 아이들이 웃음을 터뜨렸다.

"쌤, 율령 반포 말고 나라의 기초를 튼튼히 한 방법은 또 무엇이 있나요?"

은지가 다시 소란해지는 분위기를 다잡으려는 듯이 또박또박 질문했다.

"사람이야."

"사람이요?"

"나라를 발전시킬 사람, 즉 인재 말이지. 소수림왕은 나라를 이끌 인재들을 키워 내기 위해 국립 학교인 태학을 세웠어. 태학은 귀족의 자제들이 입

학해 교육을 받았는데 주요 과목으로 유교 경전과 문학, 무예 등이 있었어. 또 불교를 통해 제각각 믿는 신앙이 달랐던 백성들을 하나의 믿음으로 모을 수 있었지. 여기서 불교는 '왕이 곧 부처'라는 생각을 백성들에게 심어 주어 왕권을 강화하는 수단이 돼."

"왕이 곧 부처란 말은 예전의 지배자들이 '나는 신의 아들이다'라고 한 거랑 비슷하네요."

"맞아. 이것은 옛날 건국 신화에 나온 왕이 스스로 천손, 즉 하늘의 자손이라고 한 거랑 같은 거야. 신적인 존재인 부처와 왕은 동급이라 이거지. 그렇게 자신의 권위를 하늘의 뜻이라고 생각하게 함으로써 백성들이 군소리 없이 왕을 섬기도록 한 거야."

이미 지배자가 백성을 다스리는 작전을 이해한 아이들은 고개를 끄덕였다.

"자, 나라 안에서 쓸데없는 분쟁도 없애고, 인재를 키우고, 백성의 마음도 하나로 모았으니 나라의 기초가 튼튼해졌어. 이제 뭘 할까?"

"삼국 시대는 전쟁과 정복의 시대라고 하셨잖아요? 이제 다시 밖으로 나가 영토를 넓혀야겠죠."

은지는 다시 전쟁을 하는 대목에 이르자 조금 불편한 얼굴로 말했다. 반면 파래와 마토는 드디어 기다리고 기다리던 칼싸움 얘기가 나오는구나 하고 탁자에 바싹 다가앉았다.

금동 연가 7년명 여래 입상
경상남도 의령에서 발견된 고구려 불상이야. 국보 제19호로 지정됐고 국립중앙박물관에 보관되어 있어.

고구려, 동북아시아를 호령하다

"세월이 흘러 시대는 바야흐로 광개토 대왕 때에 이르렀어. 광개토 대왕은 왕이기도 했지만 뛰어난 장수이기도 했어. 광개토 대왕은 우선 백제를 공격해 한강 위쪽 수십 개의 성을 빼앗았어. 요동 지역과 만주 지역도 손에 넣으며 영토를 크게 넓혔어. 여기는 옛날 고조선의 영토였다가 한나라에 빼앗겼던 땅인데 고구려가 다시 찾은 거지. 이로써 고구려는 동북아시아 지역에서 가장 강력한 나라가 되었고 어느 나라도 함부로 할 수 없는 위치에 서게 되었어."

"광개토 대왕 만세!"

광개토 대왕의 영토 확장에 신이 난 파래가 벌떡 일어나 말을 타고 달리는 시늉을 하며 꿈틀 안을 달리기 시작했다. 마토도 덩달아 신이 나 파래 뒤를 따랐다. 꿈틀 안을 네댓 바퀴 돈 아이들은 지쳤는지 바닥에 널부러졌다.

"아, 뛰었더니 다시 배가 고파졌어. 쌤, 타조 알 언제 먹어요?"

마토가 배를 문질렀다. 이번엔 파래가 마토를 따라 배를 문질렀다. 시루, 은지, 마리는 말은 안 했지만 눈빛으로 마토의 말에 동감했다.

광개토 대왕릉비
중국 지안(집안)에 있는 광개토 대왕릉비야. 고구려의 영토를 넓힌 광개토 대왕의 업적이 새겨져 있어.

"좋아, 광개토 대왕의 영토 확장을 기념할 겸 타조 알 파티를 하자."

빡쌤의 말에 아이들은 동시에 팔을 번쩍 들며 '와!' 하고 환호했다.

"그런데 타조 알로 어떻게 요리하지?"

빡쌤은 타조 알을 보며 난감한 표정을 지었다. 아이들도 마찬가지였다. 그때 시루가 나섰다.

"타조 알도 어차피 알인데 그냥 깨서 프라이를 해 먹죠?"

"그런데 이걸 어떻게 깨?"

"헤헤, 그런 거라면 걱정하지 마세요."

마토가 살이 토실토실한 주먹을 들더니 말릴 틈도 없이 타조 알을 세게 내리쳤다.

"악!"

타조알 깨지는 소리 대신 마토의 비명이 꿈틀 안을 뒤흔들었다. 마토는 다른 손으로 주먹을 움켜쥐고 바닥을 데굴데굴 굴렀다. 빡쌤은 놀라서 어쩔 줄 몰라 하는데 시루가 마토를 일으키며 손을 살폈다.

"뭐야, 아무렇지도 않은데 엄살은. 덩칫값 좀 해라. 그리고 너 바보냐? 이걸 맨손으로 깨게. 인간이 동물과 다른 게 뭐야? 도구를 써야지. 죄다 헛 배웠어, 후유."

시루는 마토가 한심하다는 듯 고개를 저으며 공구함으로 가려 했다.

"아휴, 못살아. 타조 알 갖고 뭐해?"

마침 시장을 보러 나갔던 꿈셰프가 들어섰다. 꿈셰프는 얼른 타조 알을 들어 올려 주방으로 가져가며 말했다.

"타조 알로 말이를 해 줄 테니 기다려."

"그럼, 꿈셰프님이 타조 알을 맛있게 요리하는 동안 우리는 그다음 이야기를 해보자."

아이들은 주방에서 달그락거리는 소리를 들으며 행복한 얼굴로 빡쌤을 바라보았다.

한반도의 중심, 한강을 차지하라

"광개토 대왕 다음 왕은 장수왕이야. 장수왕은 수도를 국내성에서 남쪽에 있는 평양으로 옮기고 남진 정책을 펼쳤어. 장수왕은 한강 유역을 중심으로 성장해 온 백제를 공격해 당시 백제 왕이었던 개로왕을 죽이고 한강 유역을 차지했어."

"강 유역이라면 강이 흘러가는 주변 지역을 말하잖아요? 한강의 주변이라고 해 봐야 경기도와 서울 정도인데 그곳이 왜 그렇게 중요한 거죠?"

"한강은 한반도의 중심에 있는 교통의 요지였을 뿐만 아니라, 한강 유역은 넓은 평야로 이루어져 있어 농사짓기 좋았고, 서해를 통해 중국과 통할 수 있는 중요한 통로였거든. 그래서 한강을 차지한 나라가 삼국의 경쟁에서 주도권을 잡을 수 있었지. 삼국의 역사를 보면 한강을 차지한 시기가 그 나라의 전성기였단다."

충주 고구려비
장수왕이 남쪽 지역으로 영토를 넓힌 걸 기념하여 세운 기념비야.

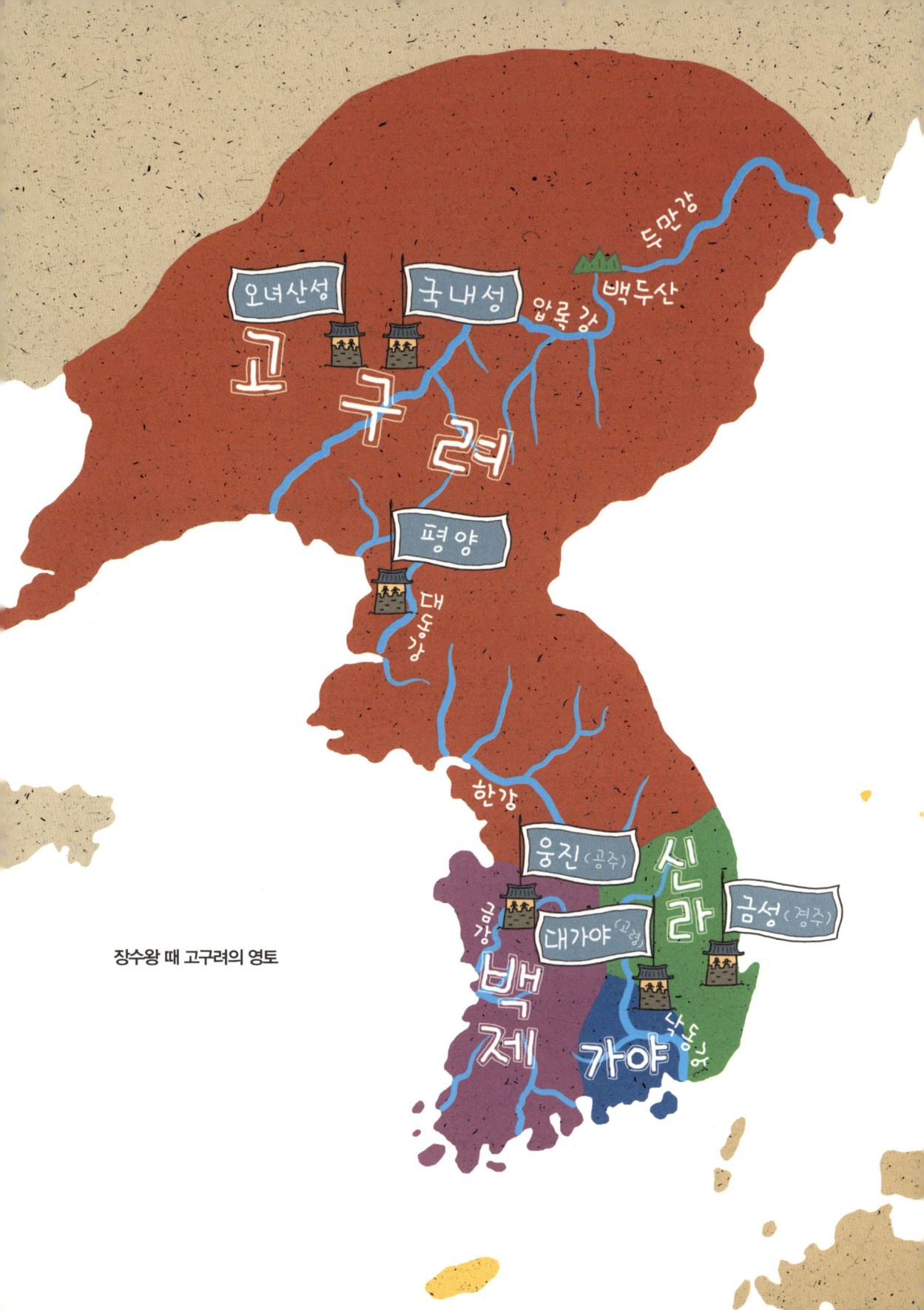

"다시 말해 한반도의 노른자가 한강이란 말이군요?"

마토가 주방에서 흘러나오는 맛있는 냄새에 코를 킁킁거리며 말했다.

"맞아, 마토가 아주 적절한 비유를 들었어."

빡쌤이 칭찬하자 마토는 겸연쩍게 웃었다. 빡쌤의 말을 잘 이해해서라기보다 타조 알 먹을 생각에 무심코 던진 말이었기 때문이다.

"한반도의 노른자인 한강을 처음 차지한 백제는 북쪽으로 치고 올라가 고구려 고국원왕을 죽이고 황해도 지역을 빼앗는 등 전성기를 누렸지. 그다음 한강을 차지한 고구려는 백제 개로왕을 죽이고 한강 유역을 손에 넣는 등 전성기를 누렸어. 반대로 한강을 빼앗긴 나라는 삼국의 경쟁에서 주도권을 잃

각저총에 그려진 서양과의 교역 증거
고구려 고분 각저총엔 특이한 외모의 사람이 등장해. 씨름하는 왼쪽 사람의 얼굴을 봐. 눈이 부리부리하고 코가 매부리코지? 우리 민족과는 다르게 생겼어. 서역인의 모습이야. 이걸로 고구려는 서역(아라비아)과 교역을 했다는 사실을 알 수 있지.

었어. 마지막으로 한강을 차지한 신라는 마침내 삼국 통일을 이루었고 말이야."

"역시 노른자가 중요한 것 같아요. 저도 노른자가 제일 맛있더라고요."

파래가 입맛을 다셨다. 때마침 꿈세프가 커다란 쟁반을 아이들이 공부하는 탁자 위에 턱 내려놓았다.

"우아!"

아이들의 입에서 탄성이 터져 나왔다. 쟁반 위에는 빨래판만 한 타조 알말이가 맛있는 냄새를 모락모락 피워 올리고 있었다.

아이들은 타조 알말이를 한 조각씩 들고 고소하고 부드러운 맛을 즐겼다. 빡쌤도 입에 타조 알말이를 넣은 채 말을 이었다.

고구려 사람들은 뭘 먹고 뭘 입고 어디서 살았나

"다시 고구려 이야기로 돌아가 볼까? 강력한 군사력과 함께 경제생활이 풍요로워진 고구려는 문화도 크게 발달했지. 왜(일본)로 간 승려 혜자는 쇼토쿠 태자의 스승이 되어 발달된 고구려 문화를 전해 줬어. 승려 담징은 종이 만드는 방법과 함께 물감과 먹을 만드는 방법도 가르쳐 주었고."

"그렇게 문화가 발달했으면 패션에도 관심이 많았겠네요?"

마리가 패션모델처럼 엉덩이를 뒤로 내밀고 다리를 쭉 뻗으며 말했다.

"일단 옷은 활동하기 편하도록 남녀 모두 바지를 즐겨 입었어. 물론 신분에 따라 모양은 달랐지만 말이야. 고분 벽화를 보면 아름답고 화려한 문양이 있는 옷을 입었는데 물방울무늬 옷도 많이 입었지."

무용총 접객도
고구려 무용총에 그려져 있는 벽화야. 손님을 대접하는 모습을 그린 그림이라고 해서 접객도라고 해. 대접을 받는 사람도 시중을 드는 사람도 모두 바지를 입고 있어. 그런데 옷 색깔이 매우 화려하고 모두 무늬가 있지.

"그럼 고구려 사람들은 뭘 먹고 살았어요?"

마토가 입안 가득 타조알 말이를 넣고 우물거리며 물었다.

"먹을거리로 보면 백성들은 대부분 보리밥이나 조밥 등을 먹었어. 쌀밥은 지배층이나 먹을 수 있었지. 고기 역시 일반 백성보다는 지배층의 밥상에나 오르는 귀한 음식이었어. 그러나 먹는 방식은 신분의 높고 낮음에 상관없이 불에 직접 구워 먹는 걸 좋아했어. 이것을 맥적이라고 하는데 숯불구이 불고기라고 할 수 있지."

불고기라는 말에 아이들의 눈이 타조 알만큼 커졌다.

"와, 불고기! 정말 먹고 싶다."

아이들은 숯불에 구운 불고기의 맛을 떠올렸고, 마토는 침까지 흘렸다.

"반찬으로는 김치를 먹었는데 오늘날처럼 고춧가루를 넣어 빨갛고 맵게 만든 게 아니라 소금으로 절인 것이었어. 콩을 발효시켜 된장과 간장도 만들어 먹었지."

안악 3호분 벽화의 고구려 부엌 모습

고구려 고분인 안악 3호분에 있는 부엌의 모습을 그린 벽화야. 고기가 많이 걸려 있고 커다란 솥에서는 뭔가 끓고 있어. 마당에는 개들이 뭐라도 얻어 먹으려고 어슬렁거리고 있네.

"집은요? 고구려 사람은 어디서 살았어요?"

"일반 백성은 초가집에서 살았고 귀족은 기와집에서 살았어. 방 한구석엔 난방을 위해 쪽구들을 놓았어."

"청동기 시대 움집 한쪽에 놓았던 그 쪽구들 말인가요?"

은지가 차곡차곡 정리된 기억의 창고에서 청동기 시대에 관해 공부할 때 배운 걸 끄집어냈다.

"바로 그거야. 쪽구들은 돌을 양옆으로 세워 놓고 그 위에 넓고 평평한 돌을 얹은 다음 아래에 불을 지피면 달궈진 돌에서 열이 공기 중으로 퍼져 집 안이 따뜻해지는 난방 방식이야. 그런데 방바닥 전체를 덥히는 온돌이 아니어서 바닥에서 올라오는 냉기를 피해 침대에서 잤어. 또 차가운 맨바닥에 그냥 앉으면 엉덩이가 시리니까 의자에 앉아 생활했지."

"와, 침대에다 의자까지. 고구려 사람들은 꽤 살 만했나 봐요."

마리의 말에 빡쌤은 고개를 저었다.

"귀족을 제외한 백성들은 먹고 살기가 힘들었어. 하지만 나라가 부강해 다른 나라의 침략을 막아 내니까 생활은 그나마 안정되었지. 적군이 쳐들어와 부모 자식이 죽고 포로로 짐승처럼 끌려가지는 않았으니까."

"후유, 고국천왕 같은 어진 임금이 나와야 할 텐데."

은지가 깊은 한숨을 내쉬자 아이들도 먹고 있던 타조 알말이를 내려놓았다. 굶주림으로 고통받았던 조상들을 이야기하면서 먹을 것을 쩝쩝거리는 건 옳지 않은 것 같았다. 심지어 먹보 마토도 식욕을 잃었다.

"왜들 안 먹어? 맛없어?"

아이들의 느닷없는 행동이 의아해진 빡쌤이 물었다.

"누구는 배고픔에 시달리는데 우리만 먹는 게 미안해서요."

파래가 시무룩한 얼굴로 대답하자 아이들 모두 고개를 끄덕였다.

빡쌤은 아이들의 머리를 하나하나 쓰다듬어 주었다.

"너희들이 내게 감동을 주는구나. 그래. 다른 이의 고통에 눈감지 않는 것이야말로 인간다움의 가장 중요한 조건이지. 남이야 죽든 말든 자기 배만 부르면 그만이라는 사람은 인간의 자격이 없다고 할 수 있어. 그런 인간다움의 눈으로 역사를 보면 역사의 주인이 누구인지 알게 될 거야. 자, 힘 빠지지 말고 계속 해 볼까?"

빡쌤은 크게 박수를 치며 허리를 곧게 펴고 앉았다. 아이들도 흐트러졌던 자세를 바로잡고 빡쌤의 다음 이야기를 기다렸다.

고구려의 전성기가 지나가다

"부강했던 고구려도 내리막을 걷게 돼. 그 이유는 앞서 고조선의 멸망에서 보았어. 뭐였더라?"

"밖으로는 외세의 침입을 받고 안으로는 지배층이 분열하는 거요."

잘 정돈된 파래의 대답에 아이들 눈이 휘둥그레졌다.

"파래가 어느새 역사의 교훈을 깨달았구나. 그게 바로 망하는 나라의 특징이지. 전성기를 지나며 귀족들이 저마다 한자리씩 차지하겠다고 다투는 통에 마음이 하나로 모이지 않았어. 제 밥그릇 챙기기 바쁜 귀족들이 백성들을 돌볼 리 있겠어? 불쌍한 백성들만 살기 더 힘들어졌지."

"나라가 망하는 첫 번째 징조, 내부 분열."

시루가 검지를 펴 들며 외치자, 마토가 뒤를 이었다.

"그럼 다음으로는 두 번째 징조, 외세의 침입이 이어지겠죠."

"맞아. 이렇게 내부에서 틈이 벌어지는 동안에 북쪽에서는 돌궐족이, 남쪽에서는 백제와 신라가 힘을 합쳐 공격해 왔어. 결국 고구려는 백제와 신라의 연합군에게 한강을 빼앗기고 말아."

"아, 그럼 삼국의 경쟁에서 고구려가 밀려나겠네요?"

은지의 말에 빡쌤은 고개를 끄덕였다.

"고구려도 그냥 있을 수는 없는 노릇이었지. 그래서 한강을 되찾으려 무진 애를 써. 바로 그 시대가 낳은 고구려 장군이 있어. 너희도 아마 알 텐데. 고구려 평원왕의 딸 평강 공주와 결혼한 사람."

"아, 온달이요!"

모두 알고 있는 이야기가 나오자 아이들은 동시에 크게 대답했다.

"평원왕 다음 왕인 영양왕 때 온달 장군은 신라에 빼앗긴 한강을 되찾기 위해 싸우러 나가. 그러나 끝내 뜻을 이루지 못하고 아차산에서 죽음을 맞이하지."

"평강 공주와 온달 장군의 사랑이 비극적으로 끝나는지는 몰랐어요."

마리가 마치 자신이 평강 공주나 된 듯이 슬프게 말했다.

"온달 장군을 비롯한 여러 사람의 노력에도 불구하고 고구려는 끝내 한강을 되찾지 못해. 한강을 잃으면 삼국의 경쟁에서 주도권을 빼앗기게 된다는

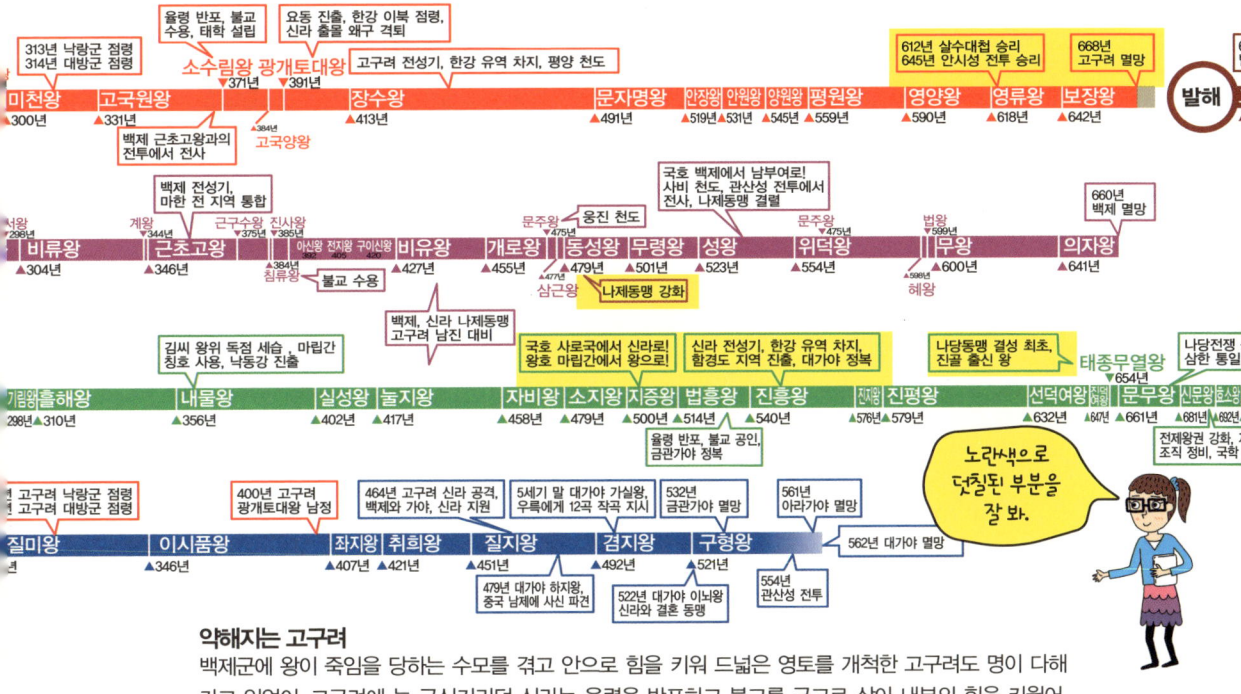

약해지는 고구려

백제군에 왕이 죽임을 당하는 수모를 겪고 안으로 힘을 키워 드넓은 영토를 개척한 고구려도 명이 다해 가고 있었어. 고구려에 늘 굽신거리던 신라는 율령을 반포하고 불교를 국교로 삼아 내부의 힘을 키웠어. 그리고 금관가야와 대가야를 자기 땅으로 만들고 백제와 손잡고 고구려가 차지하고 있던 한강 유역을 차지했지. 이제 신라의 전성기가 온 거야. 남쪽으로는 신라가 고구려를 위협했고, 북쪽으로는 중국을 통일한 수나라가 호시탐탐 고구려를 노렸어. 위기의 고구려, 상황은 점점 고구려에게 불리하게 흘러갔지.

아차산성
서울 광진구에 있는 아차산성은 백제가 고구려를 막기 위해 쌓았던 산성이야. 한강 바로 옆에 있는 아차산은 해발 300미터 정도 되는 야트막한 산이지만 고구려, 백제, 신라가 한강을 두고 싸울 때 전략적 요충지가 되었다고 해.

얘기 기억하지? 주도권을 빼앗긴 고구려는 경쟁에서 밀리며 차츰 힘이 약해져 갔어."

"그럼 이렇게 고구려가 끝나나요? 너무 속상하다."

파래가 광개토 대왕과 함께 드넓은 만주 벌판을 달리던 고구려 병사들을 생각하며 한숨을 쉬었다.

"아직은 아니야. 고구려가 어떤 나라인데 그 정도에 무너지겠어? 고구려는 북쪽에서 밀려드는 외세를 물리치며 한반도의 방패막이 역할을 톡톡히 해냈어. 이 시기에 중국에서는 새로운 나라가 중국을 통일했지. 바로 수나라야. 중국 대륙을 통일한 나라들이 꼭 하는 게 있지?"

"우리 민족이 세운 나라를 공격하는 거죠. 옛날 한나라도 고조선을 공격해 멸망시켰잖아요."

수나라 백만 대군을 무찌른 고구려

"수나라는 고구려처럼 강력한 힘을 가진 나라를 그냥 두곤 불안해서 살 수 없었어. 통일 뒤 나라가 안정되자마자 수나라 양제는 백만 대군을 이끌고 고구려로 쳐들어왔지."

"백만 대군이라니 엄청 많은 것 같은데 솔직히 어느 정도인지 감이 잘 안 와요."

"백만이 얼마나 많은 인원이냐 하면, 수나라 수도 북경에 모인 병사들이 모두 북경을 빠져나오는 데만 40일이 걸릴 정도였지. 그것은 창과 칼이 번쩍이는 거대한 인간 쓰나미였어. 수나라 군대는 모든 것을 휩쓸어 버리겠다는 기세로 고구려를 향해 돌진했지. 그들이 가장 먼저 도착한 곳은 고구려의 요동성이야. 수나라는 평야 지대에서 한 번에 싸움을 끝낼 생각이었지만 그런 수나라의 속셈에 넘어갈 고구려가 아니었지. 고구려는 주변에 있는 우물을 모두 흙으로 메꿔 버리고 식량이 될 만한 곡식도 모조리 불태워 버렸어. 수나라 병사들이 먹고 버틸 만한 걸 아예 없애 버린 거야. 그런 다음 고구려 사람들은 요동성으로 들어가 성을 굳게 잠그고 버텼지. 수나라 군대가 빈틈을 보였다 하면 재빨리 나가 공격해 타격을 입히고 다시 재빨리 돌아와 성문을 잠그고 버텼어. 이렇게 4개월이 흘렀고, 수나라 군대는 점점 지쳐 갔어."

"수나라도 수나라지만 성안에 갇혀서 꼼짝도 못했을 고구려 사람들은 훨씬

더 힘들었겠어요. 식량도 물도 없이 어떻게 버텼을까요?"

"목숨을 내놓을지언정 항복하진 않겠다는 각오로 버텼겠지. 수나라 군대가 고구려 현지에서 식량을 구하지 못하도록 곡식을 모두 불태운 것만 봐도 알 수 있잖아. 늘 배고픔에 시달리던 백성들 입장에서 그야말로 피 같은 곡식 아니었겠어? 목숨처럼 귀한 곡식을 태울 정도로 굳게 마음을 먹은 거야."

"저는 백성들의 희생이 있었을 것이라고는 생각도 못했어요."

시루가 애써 키운 농작물을 불태우는 백성들의 모습을 생각하며 입술을 깨물었다.

"군사나 일반 백성 할 것 없이 하나로 똘똘 뭉쳐 버렸지. 아무리 100만 명이나 되는 수나라 군대라지만 도저히 요동성을 무너뜨릴 방법이 없었어. 그러자 수나라 양제는 30만의 기동대를 뽑아 요동성을 돌아 고구려를 공격하도록 했어. 이때 수나라 군대를 이끈 사람이 우중문과 우문술이야. 이들은 재빨리 움직이기 위해 100일 동안 먹을 식량만 가지고 출발했어. 다시 말해 100일이 지나면 먹을 게 없어지는 거지."

"30만이면 100만의 삼분의 일이잖아요? 그것만 해도 엄청난 숫자네요."

파래는 재난 영화에서 해일이 도시를 뒤덮는 무서운 장면이 떠올라 소름이 오싹 돋았다.

"수나라 기동대를 상대한 장군이 그 유명한 을지문덕이야."

을지문덕 장군이란 말에 마리와 마토는 잘 모른다는 듯 고개를 갸웃했다.

"을지문덕 장군을 모르나 본데, 너희 서울 시내의 을지로 아니?"

"을지로 알아요. 종로 근처에 있는 도로 이름이잖아요."

마리가 을지문덕을 몰랐던 것이 부끄러웠는지 큰 소리로 대답했다.

"맞아, 그 을지로. 을지로는 우리나라 역사상 가장 뛰어난 장군인 을지문덕

장군을 기리는 의미에서 붙여진 이름이야."

"그럼 광화문 앞에 있는 세종로는 세종대왕을 기리는 도로예요?"

세종문화회관 뒤에 있는 중국집에서 짜장면을 먹은 적이 있는 마토가 세종대왕 앞에서 사진을 찍은 것을 생각하며 물었다.

"그렇지."

"어, 그럼 충무로는 충무공 이순신 장군을 기리는 도로겠네요?"

끼어들기 좋아하는 파래가 뒤를 이었다.

"맞아, 이러다 우리나라 도로에 얽힌 이야기가 다 나오겠구나."

빡쌤의 말에 아이들은 역사와 관련된 도로명이 또 무엇이 있나 재빨리 생각했다. 그러자 빡쌤이 책상을 탁탁 두드렸다.

"자, 길 이름에 얽힌 이야기는 조선 시대를 공부하면서 할 거니까, 오늘은 고구려에 집중!

을지문덕 장군은 최대한 전투를 빨리 끝내려는 수나라 군대의 작전을 금방 눈치챘지. 그래서 싸우는 척하다 달아나기를 반복하며 수나라 군대의 진을 빼놓았어. 그렇게 시간이 지날수록 수나라 군대는 점점 지쳐 갔고 식량도 바닥을 보였어. 수나라 장수 우중문은 초조해지기 시작했지. 이때 우중문 막사

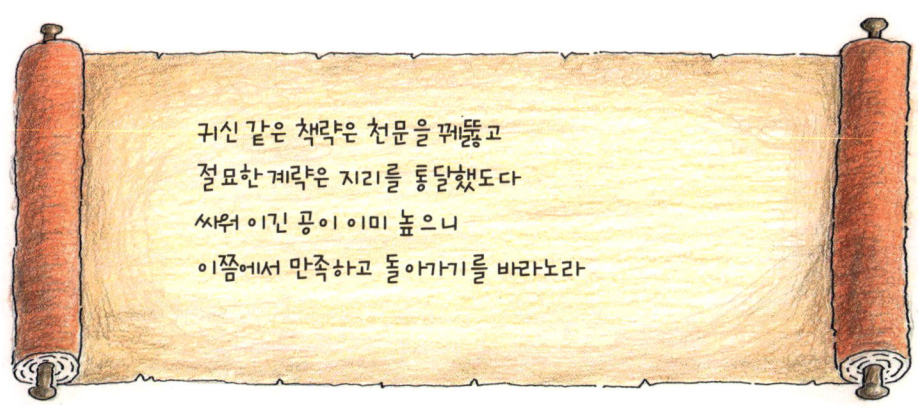

귀신 같은 책략은 천문을 꿰뚫고
절묘한 계략은 지리를 통달했도다
싸워 이긴 공이 이미 높으니
이쯤에서 만족하고 돌아가기를 바라노라

살수대첩 기록화
을지문덕 장군은 중국 수나라 군대 30만 명을 지금의 청천강인 살수에서 거의 전멸시켰어. 민족주의 역사학자인 신채호는 을지문덕 장군을 4,000년 역사에서 최고의 인물이라고 칭송했지.

기둥에 화살이 하나 퍽 하고 날아와 박혔어. 화살엔 을지문덕의 편지가 달려 있었지. 자, 여기 태블릿 컴퓨터에 있는 글을 마토가 한번 읽어 볼래?"

마토는 마치 자기가 을지문덕 장군이 되기라도 한 듯 굵은 목소리로 글을 읽었다.

"잘 읽었어, 마토. 이 편지를 받은 우중문은 뭔가 불길한 조짐을 느꼈겠지. 언뜻 보면 칭찬하는 말 같지만 자세히 보면 '네 속을 내가 뻔히 다 아니 괜히 얼쩡거리지 말고 돌아가는 게 좋을 거야' 하는 분위기지? 우중문은 가뜩이나 병사들이 싸울 힘이 없어서 걱정이던 참에 이 편지를 받은 거야. 이런 속사정

을 적장인 을지문덕이 훤히 알고 있다면 결과는 불을 보듯 뻔하다는 걸 깨달았어."

"적을 알고 나를 알면 백전백승이란 말이죠?"

시루는 얼마 전 읽은 만화 손자병법에 나오는 문구를 생각해 냈다.

"바로 그거야. 우중문은 서둘러 병사를 돌려 북쪽으로 향했지. 그러나 이미 때는 늦었어. 고구려 군은 돌아가는 수나라 군을 뒤쫓아 살수(지금의 청천강)에서 전멸시켜 버려. 이때 살아서 도망간 병사가 고작 2,700명밖에 안 됐어. 30만 명에서 2,700명만 빼고 모두 죽다니 정말 엄청난 패배지? 이것이 바로 우리 역사에서 손꼽히는 위대한 전투인 살수대첩이야."

고구려의 승리에 아이들은 일제히 일어나 만세를 불렀다.

"패배 이후 복수심에 불탄 수나라는 연거푸 고구려를 공격했지만 번번이 실패해. 계속되는 전쟁으로 수나라의 국력은 소진되었어. 백성들이 전쟁에 나가 죽거나 장애를 입어 일할 사람도 줄어들었지. 게다가 전쟁 물자를 대느라 먹고 살 식량이 바닥난 백성들이 여기저기서 반란을 일으켰어. 결국 수나라는 멸망하게 돼."

당나라의 공격을 막아 내다

"수나라에 이어 들어선 나라는 당나라야. 당나라 태종 때 이야기를 해 볼까? 당 태종은 중국 역사에서도 손꼽히는 뛰어난 황제로 중국 전체를 통일하며 엄청난 대제국을 건설해. 이런 당 태종에게 감히 대제국 당나라와 당당하게 맞서는 고구려는 용납할 수 없는 존재였지. 그러나 당 태종은 수 문제처럼

당 태종
중국 당나라의 두 번째 황제인 태종은 수나라를 무너뜨리고 당나라를 건국했어. 당 태종은 직접 15만 명의 대군을 이끌고 고구려를 침공했지.

고구려를 만만하게 보지 않았어. 수나라가 고구려 때문에 망한 걸 잘 알고 있었던 거야. 당 태종은 고구려를 무너뜨릴 기회를 호시탐탐 노렸어."

"당나라가 언제 공격할지 모르는 상황에서 고구려는 분열이 일어나고 있었어. 당시 고구려 왕인 영류왕은 수나라와의 오랜 전쟁으로 나라 살림이 어려우니 싸우지 말고 당나라와 친하게 지내려고 했지. 반면에 연개소문은 당나라는 결국 고구려를 공격할 게 뻔하니 전쟁 준비를 하며 강하게 나가자고 주장했어."

"고조선도 그랬잖아요. 싸우자는 쪽과 잘 지내자는 쪽으로 의견이 갈린 것 말이에요."

파래가 고조선이 멸망할 때와 판박이처럼 되풀이되는 역사를 신기해하며 말했다.

"역사는 반복된다더니 정말인가 봐. 고조선 때 일을 벌써 잊었단 말이야?"

은지는 역사적 교훈을 깨닫지 못하는 고구려의 지배층이 안타까웠다.

"역사를 잊은 민족에게 미래는 없다는 말이 이래서 나온 거야. 아무튼 영

류왕과 그를 따르는 귀족들은 연개소문을 제거하려 했어. 이를 미리 안 연개소문이 선수를 쳐 영류왕을 죽이고 다음 왕으로 보장왕을 세웠지. 보장왕은 명색만 왕일 뿐이었고 아무 힘이 없었어. 실제 권력자는 연개소문이었지. 이때 신라와 백제 사이에도 사건이 벌어지는데, 백제 의자왕이 신라를 공격해 많은 땅을 빼앗아 버려. 위기에 몰린 신라는 김춘추를 고구려로 보내 연개소문에게 도움을 청했어."

"그래서 들어주었나요?"

파래는 다음 이야기가 몹시 궁금해 조르듯이 물었다. 옆에 있던 시루가 팔짱을 끼고 고개를 흔들었다.

"자기 코가 석 자인데 그럴 여력이 어디 있었겠어? 난 안 도와줬다는 데 한 표."

"맞아. 자기도 힘든 형편인데 그냥 도와줬겠어? 연개소문은 도와주는 대신 조건을 달았지. 신라가 빼앗아 간 한강 유역을 도로 내놓으라고."

"다른 나라에 도움을 청할 정도면 굉장히 급했을 테니, 당연히 한강을 돌려주었겠죠?"

"아니, 그렇지 않았어. 아무리 급해도 한강 유역을 내놓을 수는 없었지. 결국 둘의 협상은 깨지고 말아."

"거래를 하려면 서로 맞는 조건을 내놓아야 하는 거 아닌가요? 내 것은 못 준다, 그래도 도와 달라? 이건 좀 아닌 거 같은데요."

"아까도 말했지만 한강 유역은 한반도의 주도권을 잡을 수 있는 가장 중요한 지역이야. 주도권을 놓치면 언제 다시 기회가 올지 모를 정도로 삼국의 경쟁은 치열했어."

"그럼 조건이 맞는 다른 상대를 찾아야 했겠네요."

은지가 다소 차갑게 말했다. 은지의 눈에는 신라가 자기만 생각하는 이기적인 나라로 보였다.

"은지는 내가 뭘 말하려는지 아는구나. 이렇게 깨어진 협상은 나중에 엄청난 결과를 낳게 돼. 그건 조금 있다 이야기하기로 하고. 고구려 지배층이 분열하는 상황을 지켜보던 당 태종은 때가 되었다고 생각했어. 당 태종은 잘 준비된 대군 15만 명을 이끌고 고구려를 침략했어. 이미 수나라의 엄청난 대군을 상대하느라 국력이 떨어진 고구려는 만반의 준비를 갖춘 당나라 군대에 계속 밀리며 요동성을 비롯한 많은 성을 빼앗기고 만단다. 그러나 고구려는 역시 고구려였지. 거침없이 내달리던 당나라 군대는 작은 성인 안시성에

안시성 전투 기록화
당나라 군대가 고구려를 침공했을 때 안시성에서 고구려군이 백성들과 힘을 합쳐 당나라 군대를 막아 냈어. 당 태종은 군대를 이끌고 다시 고향으로 돌아갈 수밖에 없었단다.

막혀 꼼짝을 못 하게 돼. 안시성의 병사들과 백성들은 성주인 양만춘과 한몸이 되어 당나라 15만 대군을 60일이 넘도록 꿋꿋하게 막아 냈지. 결국 계절은 겨울로 접어들고 찬바람이 몰아치기 시작했어. 당나라 군으로서도 더는 버티기 힘들었지. 당 태종은 결국 돌아설 수밖에 없었어."

"외적의 침입을 막아 낸 것은 좋은데 엄청난 병력이 자꾸 몰려오니까 괜히 내가 다 피곤하네."

평소 예쁘고 아기자기한 걸 좋아하는 마리는 눈밑이 까매져서 벽에 기대 앉았다. 계속되는 전쟁 이야기가 힘에 겨웠기 때문이다. 그러나 잠시 뒤 자세를 바로잡았다. 우리 민족의 자랑인 고구려가 위기에 처했는데 널부러져 있어서는 안 될 것만 같았다.

무너지는 고구려

"그런데 조금 전에 고구려에 도움을 청하러 갔던 김춘추는 어떻게 되었을까? 그는 고구려와의 협상이 깨지자 당나라로 갔어. 당 태종에게 신라와 손을 잡고 백제와 고구려를 공격하자고 했지. 마침 고구려를 무너뜨리지 못해 안달하던 당 태종은 옳다구나 했어."

"아무리 급해도 중국과 손을 잡으면 안 되죠!"

외적인 당나라와 손을 잡는 대목이 나오자, 정의의 사도 시루는 더는 못 참겠다는 듯 울부짖었다.

"삼국은 자신의 왕조를 지키기 위해 목숨 걸고 싸우고 있었어. 살아남기 위해서라면 무슨 일이라도 했지."

"그렇게 해서 신라와 당나라는 백제를 먼저 무너뜨린 뒤 고구려를 공격했어. 북쪽과 남쪽 위아래로 동시에 공격을 받은 고구려는 쉽게 굴복하지 않았지. 그러나 중국의 대제국인 수나라와 당나라를 연거푸 상대하면서 고구려도 약해질 대로 약해진 상태였어."

아이들은 침울한 얼굴로 고구려가 무너져 가는 이야기를 들었다. 알에서 태어난 주몽이 나라를 세우고, 소수림왕이 진대법으로 백성들의 고통을 덜어 주고, 광개토 대왕이 드넓은 만주 벌판을 달리고, 을지문덕 장군이 수나라를 몰아내는 등 그동안의 장면들이 머리를 스치고 지나갔다.

빡쌤의 목소리도 조금 잠겨 있었다.

"엎친 데 덮친 격으로 연개소문이 죽자 지배층들은 서로 우두머리가 되겠다고 싸웠지. 힘을 모아도 어려운 판에 말이야. 이런 권력 싸움에서 밀려난 연개소문의 아들은 당나라의 편에 서서 고구려 침략에 앞장을 섰어. 나라가 망하든 말든 한자리 차지하고 말겠다는 심사였겠지. 이미 국력이 고갈된 상태에 내부 분열까지 겹치면서 고구려는 멸망하고 말았어. 그때가 668년 9월 21일이야."

빡쌤이 말을 마쳤을 때, 창밖에는 어둠이 깊게 깔려 있었다.

  밑줄 쫙! 은지의 한국사 노트

✿ 고구려 장수 □□□은 수나라의 113만 군사가 쳐들어왔을 때 지금의 청천강인 살수에서 크게 물리쳤는데 이를 '살수대첩'이라 한다.
을지문덕

✿ 고구려의 전성기는 5세기, □□□□과 □□□ 때이다.
광개토 대왕, 장수왕

✿ 광개토 대왕은 □□를 공격하여 한강 이북을 점령하고 □□ 지역과 □□ 대부분을 차지했다.
백제, 요동, 만주

✿ 장수왕은 도읍을 □□□으로 옮기고 남진 정책을 폈다.
평양성

✿ 장수왕은 영토 확장을 기념해 □□□□□□□와 □□□□□□를 세웠다.
광개토 대왕릉비, 충주 고구려비

✿ 고구려를 세운 사람은 하늘 신의 아들인 □□□와 하백의 딸 □□ 사이에서 태어난 □□이다.
해모수, 유화, 주몽

✿ 당나라 태종이 1만 대군을 이끌고 고구려에 쳐들어왔을 때 성주 양만춘은 백성들과 함께 □□□을 굳건히 지켜 당나라 군사를 물리쳤다.
안시성

아름답고 섬세한 예술의 나라, 백제

고구려가 우리 민족 역사에서 가장 강력한 나라였고, 신라는 사국 가운데 가장 먼저 건국된 나라야. 또 가야는 가장 먼저 교역을 통해 큰 부를 쌓은 해상 제국이자. 그렇다면 백제는? 백제는 삼국 가운데 가장 먼저 전성기를 맞이한 나라야. 가장 먼저 전성기를 맞이했다는 말은 가장 빨리 나라의 기초를 다졌다는 말과 같아.

사실 백제는 삼국 가운데 가장 나중에 세워진 나라야. 그런 백제가 빠른 시간 내에 나라의 기틀을 다진 데는 백제가 세워진 장소의 영향이 커.

백제 하면 보통 충청도와 전라도 지역에 세워진 나라라고 생각하는 사람들이

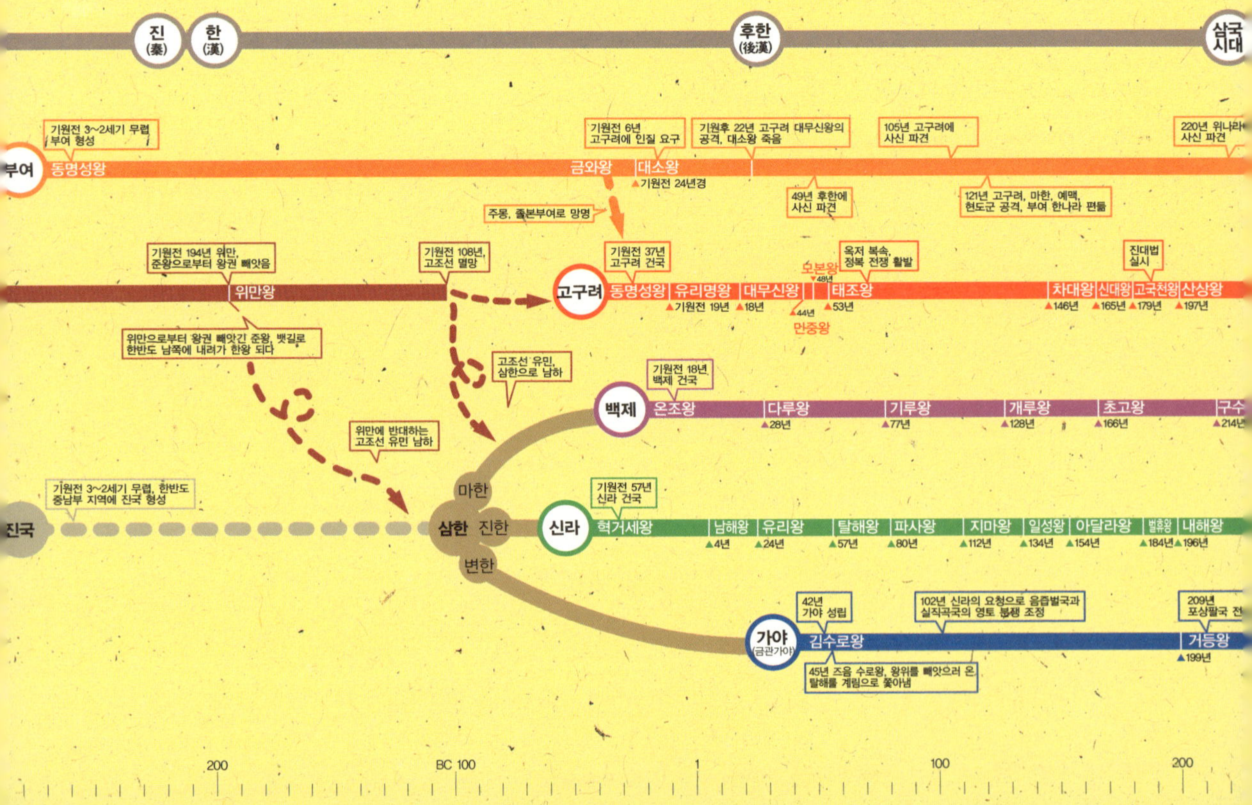

많아. 그도 그럴 것이 백제의 유물과 유적 대부분이 충청도 지역에 남아 있지. 그런데 백제 역사에서 충청도 지역을 도읍지로 삼은 시간은 얼마 되지 않아. 백제가 나라를 세우면서 도읍지로 삼은 곳은 바로 대한민국의 수도인 서울이야. 즉 백제는 우리 역사에서 서울을 최초로 도읍지로 삼은 나라지. 서울의 옛 이름은 한성이야. 그래서 서울을 도읍으로 했던 시절을 한성 백제라고 해. 그렇다면 가장 나중에 세워진 백제가 가장 먼저 전성기를 맞이한 이유는 수도가 한성이기 때문이라는 말이네.

한성은 한반도의 중심에 있고 한강을 통해 중국과 교역하기 좋으며 큰 강가에 만들어진 비옥한 땅이 있어 농사짓기에도 좋았어. 이것은 나중에 조선이 한성을 도읍으로 삼은 이유이기도 해. 곡식을 거두기 좋고 한반도 여기저기로 통할 수 있고 교역을 통해 여러 문물을 받아들일 수 있어 백제는 일찌감치 나라의 기틀을 다지고 크게 발전하게 되지.

그런데 이렇게 좋은 조건의 땅인 한성이라면 다른 나라들도 탐을 내지 않았을까? 그래서 백제가 다른 나라의 침략을 받는 이유가 되지 않았을까? 이런 궁금증을 품고 백제 이야기를 시작해 보자.

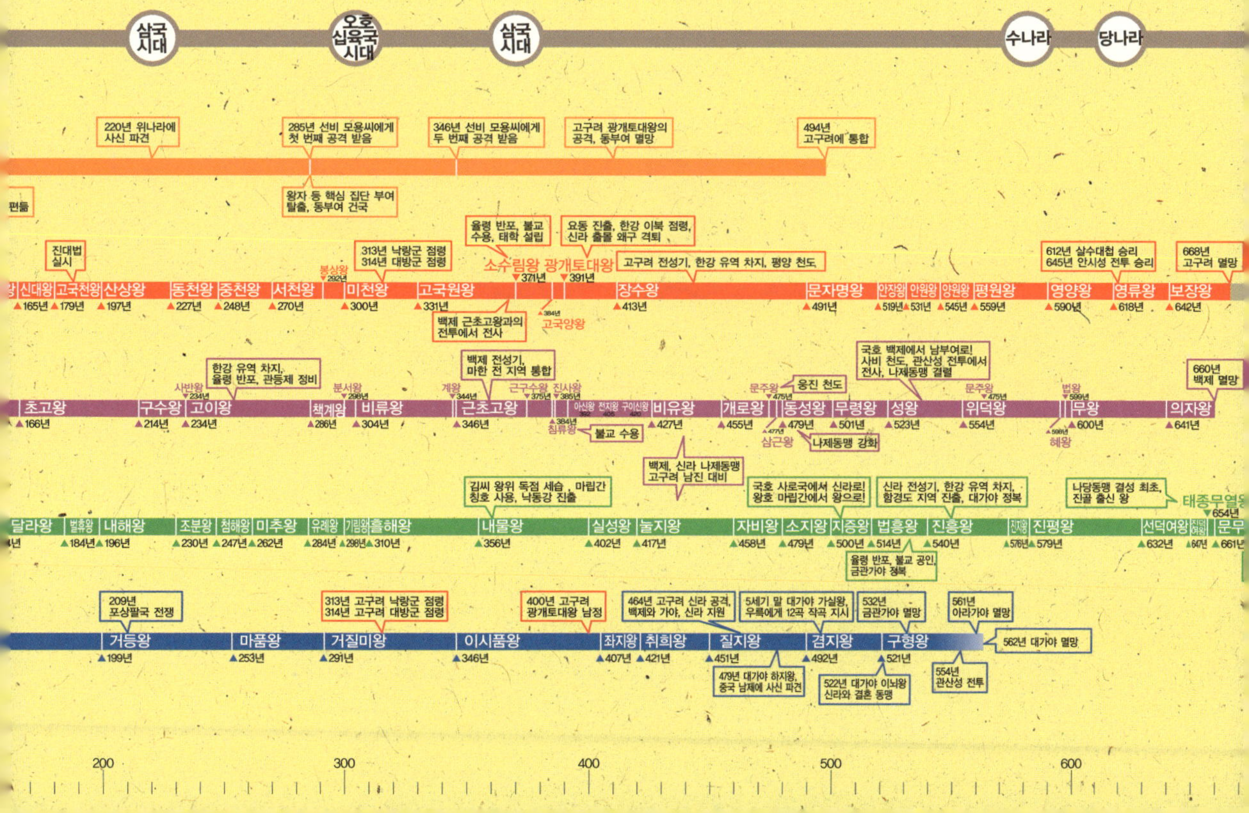

삼국의 대결장 아차산

빡쌤과 꿈틀 아이들이 지하철 5호선 아차산역 2번 출구를 나온 것은 오전 10시 무렵이었다. 모처럼 나온 소풍이라 아이들은 잔뜩 들떠 있었다.

일주일 전 아이들은 고구려 공부를 하다 맥이 빠져 버렸다. 허무한 고구려의 멸망 때문이었다. 빡쌤은 아이들의 기분을 전환할 겸 소풍을 나왔다.

"쌤, 왜 하필 아차산이에요? 뭔가 '아차!' 하고 잃어버릴 것 같잖아요."

"여기 온 이유는 조금 있으면 알게 돼. 자, 출발!"

저마다 가방을 하나씩 둘러멘 아이들은 엄마 닭을 따라가는 병아리들처럼 빡쌤의 뒤를 졸졸 쫓았다. 아차산역 네거리에서 왼쪽 방향으로 돌자 아차산 방향을 가리키는 표지판이 나왔다. 그리고 15분 정도 걷자 등산로 입구가 나왔다.

등산로 입구를 두리번거리던 아이들의 입에서 탄성이 나왔다.

"야, 이것 봐. 온달 장군과 평강 공주야."

늠름한 온달 장군과 그를 사랑스런 눈빛으로 보는 평강 공주의 동상 앞에서 아이들은 좋아서 어쩔 줄 몰랐다. 고구려의 멸망을 지켜보며 속상했던 마음이 조금은 풀리는 듯했다. 특히 두 사람의 비극적 사랑을 안타까워했던 마리는 동상을 쓰다듬으며 기뻐했다.

"아, 왜 아차산인가 했더니 못다 한 온달 장군과 평강 공주 이야기를 하려고 이리로 소풍 온 거군요?"

은지의 말에 빡쌤은 알 듯 모를 듯한 웃음을 지었다.

"그렇기도 하고 아니기도 하지."

빡쌤과 아이들은 산을 오르기 시작했다. 뛰어놀기 좋아하는 파래와 태권 소녀 시루는 평지를 걷듯 성큼성큼 올랐지만, 은지와 마리는 조금 힘들어 보

아차산에 있는 온달 장군과 평강 공주 동상
아차산 입구에 가면 온달 장군과 평강 공주의 동상을 볼 수 있어. 바보 온달은 평강 공주와 결혼해 훌륭한 장군이 되었다는 설화가 전해져. 고구려군을 이끌던 온달 장군은 신라군과 용감하게 싸우다가 아차산성에서 전사했다는 이야기가 있어.

였다. 특히 먹보 마토는 뚱뚱한 몸 때문에 숨이 턱까지 차 헐떡거렸다.

"야, 도마토. 너 몸에 율령 반포한다더니 체력이 아직도 저질이냐?"

앞서 가던 파래가 뒤를 돌아보며 놀렸다.

"머리로는 살 좀 빼라고 율령을 반포했는데, 몸은 야식을 마구 먹으며 지키지 않았다, 왜!"

"그러니까 나라의 기초가 서질 않아 그렇게 버벅거리지. 네 가방 내가 들어 줄까?"

파래가 마토의 가방에 손을 대자 마토는 흠칫 놀라며 뒤로 물러섰다.

"됐거든. 내 김밥을 어떻게 해 볼 생각이라면 꿈도 꾸지 말라고!"

숨을 헐떡이면서도 먹을거리를 지키려는 마토의 행동에 아이들은 고개를 저었다. 마토는 파래에게 김밥을 뺏길세라 있는 힘을 다해 산을 올랐다. 마토가 힘을 내자 은지와 마리도 힘을 냈다. 아이들이 뒤처질까 봐 맨 뒤에서 따라 오르던 빡쌤은 등산 중에도 지난 시간에 배운 한국사 내용으로 대화를 나누는 아이들이 기특했다.

'고구려정'에서 숨을 돌리고 '포토 아일랜드'에서 사진 몇 장을 찍기 위해 잠시 멈췄다. 그러고는 마침내 아차산 정상에 올랐다.

까불이 파래는 정상에 오르자마자 사방을 돌아다니며 야호를 외쳤다. 시루는 적군을 탐색하는 척후병처럼 이마에 손을 대고 멀리 한강을 내려다보았다. 마토는 모든 힘을 다 쓴 듯 김밥이 든 가방을 안고 바닥에 누워 버렸다. 뒤를 이어 은지와 마리, 빡쌤이 정상을 밟았다.

높지 않은 산이지만 정상에서 시야가 사방으로 뻥 뚫려 서울과 경기도 구리 쪽이 한눈에 들어왔다.

빡쌤과 아이들은 정상 모퉁이 바위 위에 둘러앉아 물을 마셨다. 시원한 바람이 땀에 젖은 머리카락을 스치며 지나갔.

"얘들아, 어때? 전망 좋지?"

"네, 낮은 산인데도 서울이 다 보이는 것 같아요."

"아까 올라오면서 봤겠지만 옛날 이곳엔 어느 나라 사람들이 있었을까?"

"온달 장군도 그렇고, 고구려정이란 정자 이름도 그렇고, 고구려 사람들이 있었던 것 같은데요."

"맞아, 장수왕 때 한강을 차지한 고구려 병사들이 이곳에 많은 흔적을 남겼지. 그런데 그보다 훨씬 이전에 이곳에 터전을 잡은 사람들이 있었지. 누군지 아니?"

아름답고 섬세한 예술의 나라, 백제

아차산에서 내려다본 서울 전경
아차산에 오르면 서울 전경이 내려다보여서 군사적으로 매우 중요한 요충지였어. 저 멀리 한강까지 보이는구나. 삼국 시대 당시에는 어떤 풍경이었을지 상상해 보렴.

"장수왕이 차지하기 전에는 이곳이 백제 땅이었다고 말씀하신 거 같은데……."

"그래. 오늘은 삼국 가운데 가장 먼저 한강을 차지하고 전성기를 맞이한 백제 이야기를 하려고 해."

빡쌤은 아차산 아래를 흐르는 한강을 내려다보며 이야기를 시작했다.

한강을 기반으로 나라를 세운 온조

"지난번에 고구려를 세운 주몽 이야기를 하면서 주몽과 소서노 사이에 아

들이 둘 있다고 했지? 비류와 온조 말이야. 어느 날 주몽이 부여에 있을 때 혼인한 아내가 낳은 아들인 유리가 찾아오자 주몽은 유리를 고구려의 태자로 삼았어. 고구려에서 설 자리가 없어진 비류와 온조는 그들을 따르는 무리를 데리고 남쪽으로 떠났지. 오랜 여행 끝에 그들은 오늘날의 서울인 위례성에 닿았고, 북한산에 올라 사방을 둘러보았지. 저길 봐. 북한산이 보이지?"

빡쌤이 북쪽을 가리키자 아이들도 일제히 북쪽을 보았다. 서울을 병풍처럼 둘러싸고 있는 높은 북한산이 있었다.

"그들의 눈에 들어온 것은 유유히 흐르는 한강과 농사가 잘 되는 넓은 땅이었어. 주변으로는 북한산이 둘러싸고 있어 적을 막기에도 좋아 보였지. 다

백제 돌무지무덤
서울 송파구에 있는 초기 백제의 돌무지무덤이야. 무덤 양식이 돌로 쌓아 만든 고구려 장군총과 같아. 무덤 양식이 같다는 건 한 지역에서 같이 살았다는 뜻이야. 옛날에는 지금처럼 교류가 쉽지 않아 지역마다 독특한 양식의 문화가 있었거든. 이걸로 보아 백제는 고구려로부터 갈라져 나왔다고 추정할 수 있지.

남한산성의 숭렬전
백제를 건국한 온조를 모신 사당으로 조선 시대 인조 때 세워졌어. 온조는 위례성에 도읍을 세우고 나라 이름을 '십제'라고 지었어. 나중에는 우리가 잘 알고 있는 '백제'로 이름을 바꿨지.

들 좋다고 하는데 형인 비류는 오늘날의 인천인 미추홀이 더 낫다고 고집을 부리고 그리로 가버렸어. 동생 온조는 위례성에 터를 잡고 나라를 세웠는데, 나라 이름을 '십제'라고 했어.

비류는 자신이 택한 미추홀이 바닷가라 물이 짜서 농사짓기에 적당하지 않다는 걸 깨달았지. 농사를 못 지으면 사람이 살기 어렵고 그런 곳에서 나라가 제대로 설 리가 없지. 낙심한 비류는 결국 세상을 떠나고 만단다. 비류를 따라 미추홀로 갔던 사람들은 다시 온조에게 돌아왔어. 그러자 온조는 나라 이름을 십제에서 '백제'로 바꿨지."

"처음에는 십제, 나중엔 백제. 숫자가 점점 커지네요?"

몽촌토성
백제가 한성(위례성)에 도읍을 정하고 쌓은 토성 중 하나야. 토성은 말 그대로 흙으로 쌓은 성이지. 서울 송파구에 위치해 있는데 지금은 그곳에 올림픽공원이 조성되어 있어.

"먼저 지은 이름인 십제는 열 명의 신하가 섬긴다는 뜻이고, 나중에 지은 이름인 백제는 백성이 즐겁게 따른다는 의미야. 따르는 신하와 백성이 많아지자 나라 이름을 그에 걸맞게 바꾼 거지."

"그럼 나중엔 천제라고 해도 되었겠어요."

마토가 열 손가락을 쥐었다 폈다 하며 말하자, 파래가 팔로 크게 원을 그리며 말을 이었다.

"만제 억제는 어때?"

"하하, 백제가 그런 뜻은 아니지만, 백제가 계속 살아남아서 영토를 넓혔다면 파래 말처럼 억제가 되었을지도 모르겠구나. 아무튼 온조는 비옥한 들

판이 있는 위례성을 중심으로 마한의 여러 나라를 정복하며 영토를 넓혀 갔어. 농사짓기엔 별로지만 중국과 교류하기 좋은 미추홀도 백제의 영토로 삼았지. 얼마 지나지 않아 백제는 서울과 황해도 일부, 충청도와 강원도 춘천, 그리고 서해안 일대를 아우르는 큰 나라로 성장했어."

"그런데 백제는 원래 충청도 지방을 중심으로 성장한 나라 아닌가요?"

충청도 부여에 친척이 있는 마리가 고개를 갸웃했다.

"보통 우리가 아는 백제는 공주나 부여에 수도를 정한 시기의 백제야. 그런데 정작 백제 역사의 대부분은 이곳 한강에서 이루어졌어. 백제 역사 678년 중 493년 동안 이곳이 백제의 수도였어. 충청도 지역에 있던 건 채 200년도 안 되지. 백제가 가장 융성했던 한성 백제 시기는 안타깝게도 잘 알려져 있지 않아."

백제의 전성기를 이끈 근초고왕

"한강 유역에 자리를 잡은 백제는 근초고왕 때 전성기를 맞이해. 고구려 공부할 때 이야기한 적 있지? 한강 유역을 노리는 고구려의 고국원왕을 죽이고 황해도 일대를 빼앗은 백제 왕 말이야. 근초고왕은 고구려를 공격하기 이전에 이미 남쪽으로 눈을 돌려 마한*의 모든 땅을 정복했어. 그러면서 드넓은 곡창 지대를 얻었고 한강 이남 서해안 전 지역을 지배하게 되었지. 여기서 멈추지 않고 남해안 쪽으로도 힘을 뻗쳐 동아시아의 모든 지역과 교류할 수 있게 되었어. 한강을 지배하는 나라가 전성기를 누리며 삼국의 경쟁에서 가장 앞서게 된다

*마한
고대 삼한 가운데 경기도, 충청도, 전라도 지방에 걸쳐 있던 54개의 부족 국가로 이루어진 나라란다.

전성기 백제의 영토 확장

고 이야기했지? 이제 백제는 삼국 가운데 가장 강한 힘을 가진 나라가 되면서 가장 먼저 전성기를 이룬 거야. 이를 바탕으로 백제는 중국의 동진과 교류했고, 중국의 요서 지방과 산둥반도로 진출했어. 왜(일본)와도 교류하며 많은 영향을 미쳤지. 이 지도를 봐."

"저는 사실 백제가 삼국 중에서 가장 약하고 그저 그런 나라인 줄 알았어요."

시루는 백제의 드넓은 영토가 그려진 지도를 보면서 놀라움을 감추지 못했다.

"당시 나라의 기틀을 만들던 왜는 백제의 앞선 문화와 제도에 영향을 받으며 백제와 아주 가까워졌어. 근초고왕은 왜의 왕에게 백제의 뛰어난 철제 기술로 만든 칠지도를 선물로 주기도 했지. 또 각 분야의 전문가*를 보내 선진 기술을 가르쳐 주었어. 백제는 어떻게 이런 높은 수준의 문화와 기술을 갖게 되었을까?"

빡쌤의 돌발 질문에 아이들의 머리 위로 물음표가 떠올랐다.

빡쌤은 아차산 아래로 흐르는 한강을 가리켰다.

***각 분야의 전문가**
아직기와 왕인이 왜에 한학, 논어, 천자문을 전해 주었어.

아름답고 섬세한 예술의 나라, 백제

"저 한강은 흘러서 어디로 갈까?"

"모든 강은 바다로 흘러가지 않아요? '강물아 흘러 흘러 어디로 가니? 넓은 세상 보고 싶어 바다로 간다' 하는 노래도 있잖아요."

마리가 물병을 마이크처럼 잡고 노래를 불렀다.

"딩동댕! 맞았어. 한강은 서해로 흘러 들어가지. 그리고 바다는 중국 대륙으로 이어져. 백제는 바다를 통해 중국의 여러 나라들과 사귀면서 다양한 문화를 받아들였지. 다양성이야말로 문화를 발전시킬 수 있는 가장 중요한 요소야. 또한 경기도, 충청도, 전라도 지역에 이르는 넓고 기름진 평야는 많은 곡식을 안겨 주었지. 이런 풍족함을 밑바탕으로 하여 문화와 예술이 꽃핀 거야."

"쌤, 우리도 이쯤에서 김밥의 꽃을 피우는 건 어떨까요?"

마토가 배를 만지며 간절한 표정을 지었다.

"아차! 점심 먹어야지. 깜빡했다, 미안. 김밥 먹자."

빡쌤과 아이들은 가방에서 김밥을 꺼내 먹었다. 바람이 이마를 스치며 불었고, 한강이 아주 오래전과 똑같은 모습으로 유유히 바다를 향해 흐르고 있었다. 정상에서 김밥을 다 먹은 일행은 올라온 길을 따라 아래로 내려갔다.

칠지도
백제 근초고왕이 왜의 왕에게 전해 준 것으로 알려진 칼이야. 칼날 1개와 좌우로 3개씩 가지가 뻗어 있어 칠지도라고 불리지.

수준 높은 문화와 예술의 나라, 백제

빡쌤이 태블릿 컴퓨터에 사진 한 장을 띄웠다.

"백제 시대 유물인 금동 대향로를 한번 보렴."

"우아, 이렇게 예쁜 그릇은 처음 봐요!"

평소 예쁜 걸 좋아하는 마리가 태블릿 컴퓨터에서 눈을 떼지 못했다.

"금속을 가지고 이토록 섬세하고 아름다운 조형물을 만든 것만 봐도 예술에 대한 백제인의 안목과 기술이 얼마나 뛰어났는지 알 수 있지."

빡쌤이 이번엔 다른 사진을 띄워서 보여주었다.

"이건 충남 서산에 있는 서산 마애 삼존 불상이야. 이걸 보면 넉넉하고 부드러운 미소에 절로 마음이 따뜻해지지. 온화하면서도 세련된 백제 사람들의 모습이 상상되지 않니?"

"이건 꼭 밥 먹고 포만감을 느끼는 마토의 얼굴 같은데요."

백제 금동 대향로
백제의 섬세하고 아름다운 예술 수준을 엿볼 수 있는 유물이야. 위 사진은 향로의 윗부분을 확대한 것이지.

서산 마애 삼존 불상
이 불상은 무엇보다 부처님의 표정이 눈에 띄어. 순수하고 너그러운 미소가 인상적이어서 '백제의 미소'라고도 불린단다.

파래가 삼존 불상이 띄워져 있는 태블릿 컴퓨터를 마토의 얼굴에 나란히 갖다 댔다. 그러자 마토도 씨익 웃으며 불상의 웃음을 흉내 냈다.

"야, 정말 똑같다!"

시루가 마토와 태블릿 컴퓨터 속 불상을 번갈아보며 손뼉을 쳤다. 빡쌤도 신기한 듯 마토의 얼굴을 다시 봤다.

"마토 조상이 백제 사람이었나 보다, 하하. 백제의 뛰어난 문화와 기술은 다른 나라에도 영향을 미쳤는데, 신라의 황룡사 구층 목탑과 불국사의 석가탑, 다보탑도 모두 백제의 기술자들이 만든 거지. 일본의 문화재 가운데도 백제의 영향을 받은 것이 아주 많단다."

"그럼 백제 사람들은 한류 스타처럼 인기가 아주 많았겠네요?"

마리가 걸 그룹의 춤을 추며 말하자, 아이들은 동시에 '우!' 하며 야유를 보냈다.

"그랬을 거야. 특히 사람들의 간절한 소망을 담은 불상이나 불탑 등은 무엇보다 아름다워 보이길 바랐겠지. 따라서 훌륭한 안목과 기술을 지닌 백제 사람들을 찾는 데가 많았을 거야. 그런 의미에서 백제는 왜에 불교 건축물인 절과 탑을 만드는 기술자들을 많이 보냈지.

정림사지 오층 석탑
충청남도 부여에 있는 백제의 석탑이야. 언뜻 보면 단순해 보이지만 자세히 보면 하나하나가 아주 섬세하고 세련되다는 걸 알 수 있어. 목탑을 돌로 표현한 이 탑은 백제의 전형적인 석탑이야.

호류 사 오층 목탑(일본, 교토)
세계에서 가장 오래된 목조 건축물로 꼽힌 호류 사 오층 목탑은 백제 정림사지 오층 석탑과 모양이 아주 많이 닮았어. 백제의 건축 기술이 왜에 얼마나 영향을 미쳤는지 잘 알 수 있지.

"이것 좀 봐. 이건 세계에서 가장 오래된 목조 건축물인 일본 호류 사 오층 목탑이야. 백제 정림사지 오층 석탑을 꼭 닮았지. 그것만 봐도 왜에 미친 백제의 영향이 얼마나 컸는지 알 수 있어."

"아름다운 백제 예술의 바탕이 한강이란 사실은 오늘 처음 알았어요."

"한강, 정말 대단해!"

은지는 한강에 대한 새로운 사실을 알고 놀라움을 감추지 못했고, 파래는 엄지를 척 들어 한강을 향해 쭈욱 내밀었다.

백제, 한강을 빼앗기고 주도권을 잃다

"이렇듯 한강이 보물 같은 곳이었다면 다른 나라들도 탐냈을 것 같아요."

은지는 고구려가 한강 유역을 빼앗았다는 사실을 떠올리며 말했다.

"맞아. 백제의 수도가 자리한 한강 유역을 노리는 두 나라가 있었으니 바로 고구려와 신라야."

일행은 어느새 고구려정까지 왔다. 빡쌤과 아이들은 신발을 벗고 고구려정에 올라갔다.

"백제가 차지하고 있는 한반도의 보물, 한강 유역을 먼저 공격한 나라는 고구려야."

호류 사 백제 관음상(일본, 교토)
일본 나라현 호류 사에는 백제 관음상이라는 불상이 있어. 일본에 왜 백제 불상이 있을까? 왜에 귀화한 백제 사람이 만들었다고 해서 백제 관음상이라고 불러.

"자, 그럼 지난번에 공부한 내용을 한번 복습해 볼까? 백제의 전성기를 이끈 근초고왕이 고구려를 공격해 고국원왕을 죽이고 황해도 일대를 빼앗은 이야기는 앞에서 했지? 고국원왕의 아들인 소수림왕은 잃어버린 땅을 되찾고 아버지의 원수를 갚기 위해 안으로 힘을 키워 갔다는 것도. 소수림왕은 동생에게 왕위를 넘겼는데 그가 고국양왕이고, 고국양왕의 아들이 우리나라 최고의 정복 왕 광개토 대왕이야. 삼촌과 아버지가 다져 놓은 토대를 바탕으로 광개토 대왕은 드디어 영토를 넓히기 위한 전쟁을 시작하지."

"아, 광개토 대왕 이야기 나오니까 다시 설레네요."

파래가 먼 북쪽 하늘을 바라보며 말했다.

"그런데 백제 입장을 생각하니까 누구 편을 들어야 할지 머리가 복잡해진다."

마토가 머리를 쥐어뜯자 시루가 마토의 어깨에 손을 얹고 점잖게 말했다.

"넌 백제의 마애 삼존 불상처럼 생겼으니까 백제 편을 들어야지."

"꼭 누구 편을 들 필요는 없어. 모두 우리 민족의 역사니까. 하지만 지금은 백제를 공부하는 시간이니까 백제 입장에서 생각하면 더 이해하기 쉽겠지. 아무튼 광개토 대왕의 기세에 백제는 한강 북쪽의 땅을 모조리 고구려에 빼앗겨. 위기감을 느낀 백제는 신라와 손잡고 고구려에 맞서기로 하지. 한강 북쪽 지역뿐만 아니라 한강 전체를 차지하고 싶은 고구려 입장에서는 이런 백제의 행동이 곱게 보일 리 없겠지?"

"광개토 대왕처럼 굉장한 사람이 백제 땅을 노린다면 정말 무서웠겠다."

"맞아. 게다가 고구려는 백제의 공격에 죽은 고국원왕에 대한 원한도 있었을 텐데 말이야."

마리와 시루가 빡쌤의 말을 따라 백제의 입장에 서서 그때의 상황을 상상하며 말했다.

풍납토성 발굴 현장
몽촌토성은 서울 송파구 방이동에, 풍납토성은 그보다 북쪽인 풍납동에 있지. 그래서 풍납토성을 북성, 몽촌토성을 남성이라고 했대.

"백제를 본격적으로 공격한 것은 광개토 대왕 다음부터야. 광개토 대왕이 중국 쪽의 영토에 집중하다 일찍 죽은 뒤, 왕위를 이은 장수왕은 이제야말로 한반도의 중심을 손에 넣겠다는 결심을 굳히지. 그래서 수도를 북쪽에 있던 국내성에서 한참 남쪽인 평양으로 옮겨. 그런 다음 곧바로 백제의 수도 한성으로 쳐들어갔어. 백제는 7일을 버티다 무너졌는데 바로 그 성이 저기 강 너머에 있는 몽촌토성과 풍납토성이야."

빡쌤은 멀리 송파구 쪽을 가리켰다. 아이들은 고구려 군과 백제 군의 전투가 벌어진 곳이 이렇게 가까이 있다는 게 놀라웠다.

"당시 백제 왕인 개로왕은 고구려 군에게 사로잡혀 죽임을 당했는데 그곳이 바로 저기 아차산성 아래야."

빡쌤의 손끝이 멀리 능선에 있는 아차산성으로 향했다.

"이곳 아차산은 한강의 주도권을 잡으려고 치열하게 싸웠던 중심지야. 죽고 죽이는 일이 무수히 벌어졌겠지. 아무튼 난리 통에 왕이 된 개로왕의 동생 문주왕은 서둘러 수도를 멀리 남쪽에 있는 웅진(지금의 충청남도 공주)으로 옮겼지."

전성기를 되찾으려고 몸부림치는 백제

"아, 그럼 아름다운 문화와 예술의 나라 백제는 이렇게 끝나는 건가요?"
파래가 뮤지컬 배우처럼 비장한 표정을 지으며 노래를 부르듯이 물었다.

"아직은 아니야. 문주왕 이후 두 명의 왕을 거친 뒤 개로왕의 아들이 왕이 되는데 그가 무령왕이야. 무령왕은 혼란스러운 정치를 안정시키고 백성들이 편안하게 농사지으며 살 수 있도록 애썼어. 중국이나 신라와도 좋은 관계를 유지했지."

"아, 다행이다. 왕이 죽고 수도마저 빼앗겼는데 여기서 끝난다면 정말 허무했을 거야."

아이들은 길게 한숨을 내쉬며 가슴을 쓸어내렸다.

"나라가 안팎으로 안정된 상태에서 무령왕 다음 왕위에 오른 성왕은 수도를 사비성, 즉 지금의 충청남도 부여로 옮겨. 새로운 나라를 만들겠다는 의지를 굳게 세우지. 수도를 옮긴 성왕은 나라 이름을 남부여로 바꿨어. 남쪽에 있는 부여라는 뜻이야. 부여 하면 예전에 공부했던 나라가 생각나지 않니?"

"네, 만주 지역에 있던 우리 민족의 두 번째 나라로 주몽이 태어난 곳 말이

무령왕 금제관식
충남 공주시 송산리 백제 무령왕릉에서 나온 금으로 만든 왕관 장식이야. 부드러운 곡선의 아름다움과 섬세함이 다른 어떤 나라나 시대의 왕관보다 빼어나. 백제의 예술 수준이 얼마나 대단했는지 알 수 있을 거야.

죠?"

"정답! 주몽의 아들인 온조는 자신의 뿌리가 아버지가 세운 나라 고구려가 아니라 부여에 있다고 생각했어. 백제가 고구려에서 밀려 나온 세력이 세운 나라라는 사실을 부정하고 싶었던 거야. 그래서 자신의 성씨를 아버지의 성씨인 고씨가 아니라 부여씨라고 했어. 이쯤 되면 성왕이 나라 이름을 남부여로 정한 이유가 이해되지? 성왕은 강성했던 전성기 백제의 모습으로 돌아가고 싶었던 거야. 그러려면 어떻게 해야 할까?"

"그거야 빛나던 시절의 수도인 한강을 되찾는 거겠죠."

파래의 대답에 빡쌤이 엄지를 척 들어 올렸다.

"그렇지. 바로 그거야. 성왕은 신라의 진흥왕과 손잡고 고구려를 공격해서 꿈에 그리던 한강 유역을 되찾는 데 성공해. 그러나 기쁨을 누리는 것도 잠시였어. 신라 진흥왕의 기습을 받아 한강 유역을 잃어 버리거든. 성왕은 한강을 다시 찾기 위해 싸우지만 뜻을 이루지 못하고 신라 군에게 죽임을 당하고 말지."

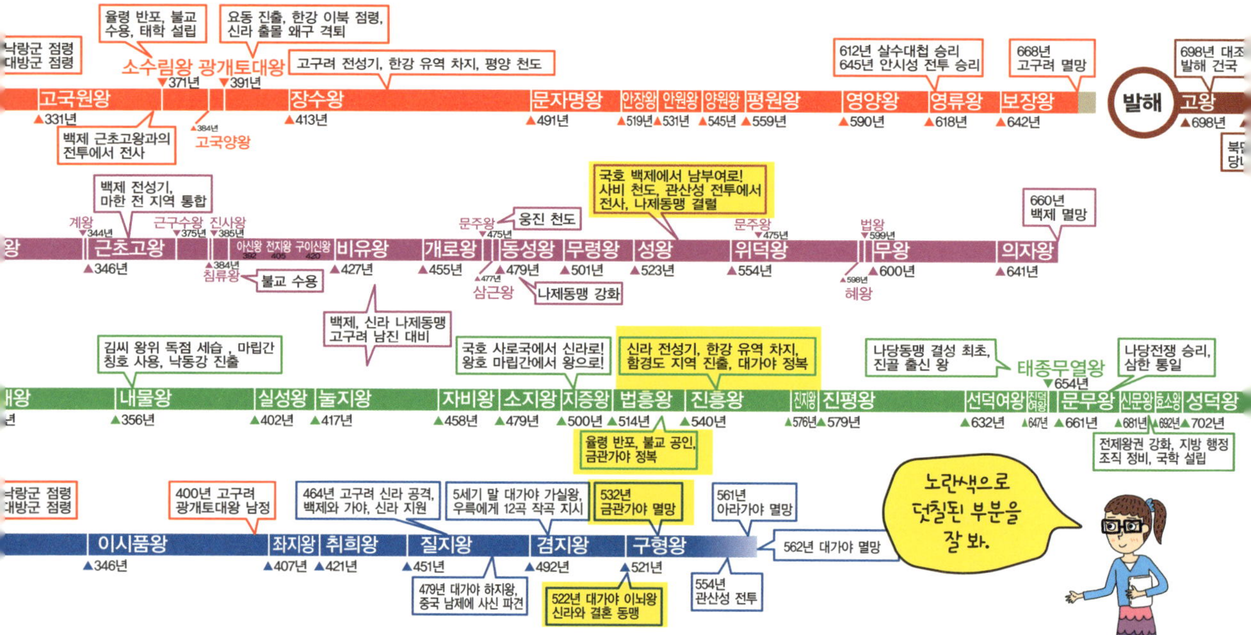

성왕 당시 사국의 상황

성왕이 백제를 다시 일으켜 세우기 위해 몸부림칠 때 신라는 가장 뛰어난 왕들이 활약하고 있었어. 내부적으로 힘을 다진 법흥왕과 외부적으로 신라의 힘을 과시한 진흥왕이 바로 그들이지. 신라는 가야의 중심인 금관가야를 차지하고 기세등등했어. 가야는 대가야를 중심으로 뭉치려고 했지만 실패했고 신라의 사냥감이 되어 쫓기고 있었어. 모든 승리의 기운이 신라의 편에 있었지. 신라를 견제할 유일한 나라인 고구려는 중국 대륙의 나라들과 싸우느라 정신이 없었단다.

"으, 배신자 신라."

파래는 당나라와 손잡고 고구려를 멸망시킨 신라를 생각하며 치를 떨었다.

"그때는 서로 날마다 죽고 죽이던 전쟁 상황이었어. 살아남으려면 상대를 어떻게든 무너뜨려야 했지. 약속을 헌신짝처럼 저버린 걸 잘했다고 하긴 어려워. 어떤 경우에도 반드시 지켜야 할 원칙은 있는 법이니까. 그렇다고 무조건 흥분하기보다 당시 사람들의 생각과 상황을 객관적으로 생각해 보는 게 좋을 거야. 그래야 역사가 우리에게 전하는 메시지를 제대로 파악할 수 있고, 그것이 우리가 역사를 공부하는 이유니까."

빡쌤의 말에도 아이들은 쉽게 흥분을 가라앉히지 못했다. 일행은 고구려정에서 나와 다시 아래로 걸어 내려갔다. 시원한 바람이 얼굴을 부드럽게 스쳤다. 그제야 아이들도 마음이 조금은 진정되었다.

금제 사리 항아리
익산 미륵사지 석탑에서 발견된 사리 항아리야. 겉에 새겨진 섬세하면서도 다양한 문양이 정말 아름다워. 백제의 금속 공예 기술이 얼마나 뛰어났는지 보여 주는 좋은 예지. 그런데 이 사리 항아리와 함께 발견된 금제 사리 봉안기에 중요한 이야기가 담겨 있어. 《삼국유사》에는 절을 세우는 데 필요한 재물을 신라의 선화 공주가 대었다고 나오는데, 미륵사지 석탑에서 발견된 사리 봉안기에는 선화 공주가 아니라 사씨 성을 가진 귀족의 딸이 재물을 냈다는 거야. 절에 돈을 댄 사람이 무왕의 왕비인데 그녀가 선화 공주가 아니란 기록이 있어서 무왕과 선화 공주의 사랑 이야기가 사실이 아닌 지어낸 이야기가 아닌가 의심을 사고 있지.

백제, 황산벌의 노을 속으로 지다

"성왕이 죽은 뒤 세 명의 왕이 백제를 다스린 뒤, 신라에 복수를 하는 왕이 나오는데 바로

무왕이야. 무왕은 왕이 되기 전 마를 캐다 파는 가난한 사람이었는데, 신라의 선화 공주를 꾀어 백제로 데려가 아내로 삼았다는 이야기로 유명해. 무왕은 고구려로부터 되찾은 한강을 빼앗고 성왕마저 죽인 신라에 복수의 칼날을 겨눴어. 무왕은 기필코 신라를 무너뜨리겠다며 신라의 성들을 공격해 빼앗았지."

"음, 드디어 백제의 힘을 보여 줄 때가 되었군요."

시루가 근엄한 얼굴로 고개를 끄덕였다.

"무왕의 뒤를 이은 의자왕도 적극적으로 신라를 공격해 승리를 거두었어. 또 나라도 안정시켜 백성들이 마음 놓고 살 수 있도록 했지. 그러나 시간이 지나면서 마음이 흐트러져 나랏일에 소홀했지. 심지어 나라를 걱정하는 신

황산벌 전투 기록화
백제의 계백 장군은 황산벌에서 5,000명의 결사대를 이끌고 김유신 장군이 이끄는 5만 명과 신라군과 맞서 용감하게 싸웠어. 하지만 황산벌 전투에서 패배한 백제는 결국 멸망하고 말았지.

아름답고 섬세한 예술의 나라, 백제

낙화암
충남 부여 부소산에 있는 바위 절벽이야. 백제 사비성이 적군에게 빼앗겼을 때 도망친 궁녀들이 백마강에 몸을 던졌을 때 마치 꽃잎처럼 보였다고 해서 낙화암으로 불린단다.

하들을 내치고 감옥에 가두기도 했어."

"아, 왠지 불안해. 정말 중요한 때에 그러면 안 되는데. 무슨 일이 벌어질 것 같아."

아름다운 것을 좋아하는 마리는 백제가 정말 마음에 들었다. 그런데 빡쌤의 표정을 보니 이제 마지막이란 느낌이 들었다. 마리는 아예 귀를 막았다.

"당나라와 손을 잡은 신라가 들이닥쳤어. 백제의 계백 장군은 5,000명의 결사대를 이끌고 5만 명이나 되는 신라군과 맞섰지만 결국 모두 죽고 말았어. 사비성은 무너지고 포로가 된 의자왕은 신하와 백성들과 함께 당나라로 끌려갔지. 이렇게 아름다운 문화와 예술의 나라 백제는 멸망하고 말았어."

귀는 막았지만 들을 건 다 들은 마리의 눈에 눈물이 맺혔다. 빡쌤은 마리의 어깨를 감싸며 부드럽게 위로하듯 말했다.

"백제는 멸망했지만 백제 사람들은 대부분 살아남아 빛나는 우리 문화를 만들어 나갔어. 그들의 예술적 재능이 오늘날 우리에게도 전해지고 있지. 예쁜 걸 잘 만드는 마리의 솜씨도 조상들로부터 이어져 내려온 걸 거야."

빡쌤과 아이들은 나란히 서서 멀리 한강을 바라보았다. 백제의 하늘에도 드리웠을 아름다운 노을이 서울의 한강을 붉게 물들이고 있었다.

밑줄 쫙!  은지의 한국사 노트

✿ 주몽의 아들 □□는 백제를 세우고 □□ 유역 위례성에 첫 도읍을 세웠다.
   온조, 한강

✿ 삼국은 □□ 유역을 차지하기 위해 치열하게 싸웠다. □□ 유역은 넓은 평야가 있어서 농사짓기에 유리했고 서해를 통해 중국의 문물을 받아들이기에 좋았다.
   한강, 한강

✿ 백제 □□은 신라의 □□□에게 한강 하류 지역을 빼앗기고 배신당하자 관산성 전투를 벌였는데, 이 전투에서 신라에 패하고 목숨을 잃었다.
   성왕, 진흥왕

✿ □□는 삼국 중 가장 먼저 전성기를 맞았다.
   백제

✿ 백제의 전성기는 4세기 □□□□ 때다.
   근초고왕

✿ 근초고왕은 북쪽으로는 □□□의 평양성을 공격하고 남쪽으로는 □□ 세력을 정복하였다.
   고구려, 마한

경상남도 지역을 지배한 철의 나라, 가야

우리는 보통 신라의 영토를 경상북도와 경상남도 전 지역으로 알고 있어. 물론 서기 563년부터는 맞는 말이야. 그러나 그 이전인 서기 42년부터 562년까지 낙동강을 중심으로 경상남도 지역엔 신라가 아닌 다른 나라가 520년 동안 존재했어. 그것도 삼국 어느 나라에 못지않은 훌륭한 문화를 자랑하며 말이지. 그 나라는 바로 가야야. 그런데 가야는 스스로 기록을 남기지 않았어. 그래서 '신비의 나라', '수수께끼의 나라'로 불리며 한반도 고대 역사에서 자리를 확실히 잡지 못했지. 그런데 당시 가야를 둘러싼 주변 나라들의 역사에 대한 연구가 활발하게 진행되고, 가야 지역에서 삼국과는 분명히 다른 독특한 유물과 유적이 발견되면서 가야를 감싸고 있던 안개가 서서히 걷히고 있어. 강력한 철의 나라, 아름답고 개성 있는 예술의 나라, 가야가 먼 시간의 벽을 넘어 우리에게 뚜벅뚜벅 다가오고 있어.

> 가야사를 이해하려면 고구려, 백제, 신라의 역사를 잘 알아야 해. 특히 각 나라의 전성기나 주목할 사건이 벌어진 시기엔 다른 나라에도 어떤 변화가 있어. 예를 들면, 고구려 전성기인 광개토 대왕과 장수왕 시기엔 백제와 신라가 손을 잡아. 즉 강한 나라를 견제하기 위해 힘을 모으는 거지. 이런 변화에 맞춰 가야도 움직이게 돼. 신라의 전성기인 진흥왕 때는 백제와 가야의 사이가 가까워지지. 비슷한 시기에 왕위에 있던 왕들을 서로 비교하면서 공부하면 가야와 삼국에서 벌어진 일들을 쉽게 이해할 수 있단다.

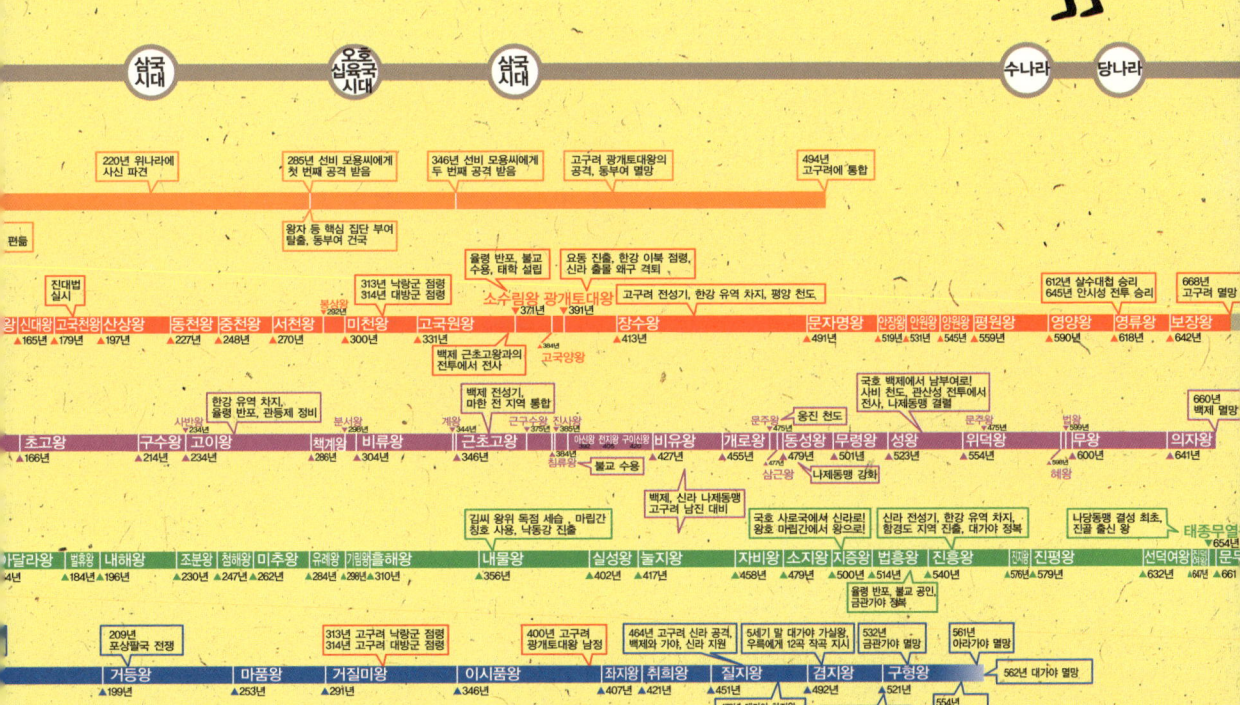

"우아아아아!"

소란스럽던 꿈틀 안이 탄성과 동시에 정적에 휩싸였다. 꿈셰프가 앉은뱅이 책상 위에 내려놓은 스테인리스로 된 큰 사발 때문이었다.

두둥!

별나게 더운 날인 데다 아이들의 뜀박질로 꿈틀 안은 후끈 달아올라 있었다. 책상을 둘러싼 아이들은 너 나 할 것 없이 얼굴에 땀방울이 흘러내렸다.

이런 상황에서 아이들의 눈앞에 놓인 것은 바로……

냉면!

"안 먹고 뭐 해?"

"잘 먹겠습니다!"

아이들은 말이 끝나기 무섭게 사발에 코를 박았다. 그 와중에도 평소에 못 보던 메뉴가 왜 등장했는지 궁금했던 은지가 물었다.

"꿈셰프, 어쩐 일로 냉면을 만드셨어요?"

"선생님의 특별 부탁이 있었지. 그리고 이건 냉면이 아니라 밀면이란다."

꿈셰프는 맛있게 밀면을 먹는 아이들을 흐뭇하게 바라본 뒤 주방으로 사라졌다.

"아, 밀면! 나 이거 알아. 부산 토속 음식인데."

마토가 아는 체를 했다. 눈치 빠른 은지가 빡쌤에게 물었다.

"쌤, 이거 오늘 수업과 관련 있죠?"

"야, 오늘 배울 신라가 밀면이랑 무슨 상관이 있겠어."

파래가 씹다만 면을 튀기며 은지에게 말했다. 면이 얼굴로 튀자 아이들이 동시에 외쳤다.

"아이, 더럽게. 파래, 너 말하지 마."

빡쌤이 파래 입에서 나와 이마에 붙은 면 조각을 떼어 내며 말했다.

"이 음식은 오늘 수업과 아주 깊은 연관이 있어."

"거봐. 밀면이 신라와 상관 있다는 말씀이잖아. 그렇죠, 쌤?"

은지가 눈빛을 반짝이며 물었다.

"이거 은지한테 괜히 미안해지네. 원래 신라를 공부하려고 했는데, 다른 나라를 먼저 하고 신라를 하는 게 좋을 것 같구나. 그래야 통일 신라로 바로 연결할 수도 있고."

"삼국 시대에서 고구려와 백제를 했으니, 이젠 신라만 남은 거 아니에요?"

"흔히 고구려, 백제, 신라만 다루면서 삼국 시대라고 하는데, 실제로는 다른 나라가 하나 더 있었어. 그 나라는 바로 가야야."

"가야요? 그런 나라가 있었어요?"

아이들의 눈이 일제히 빡쌤에게 쏠렸다.

"다 먹었으면 그릇은 싱크대에 갖다 놓고 이야기를 시작하자."

아이들은 우르르 주방으로 몰려가 사발을 물에 담가 놓고 탁자로 돌아와 앉았다. 뒤이어 빡쌤이 노란 양은그릇을 들고 와서 탁자 위에 올려놓았다. 양은그릇 안에는 달걀 여섯 개가 들어 있었다.

"이따 하나씩 먹자."

밀면 양이 좀 부족했던 마토는 달걀을 보며 입맛을 다셨다.

"달걀을 보니 오늘 수업할 가야의 첫 번째 왕도 알에서 태어난 거죠?"

은지가 빡쌤의 의도를 알아채고는 말했다.

"역시, 은지야. 맞아, 가야의 건국도 알과 관련이 있어. 그런데 알이 여섯 개라는 사실도 가야 역사에서 중요해."

빡쌤의 칭찬에 은지의 볼이 빨개졌다. 그러자 파래도 칭찬받고 싶은 마음

에 한마디 했다.

"그럼 왕이 여섯 명 태어난 건가요?"

시루가 파래를 불쌍하다는 듯이 바라보며 말했다.

"바보야. 어떻게 왕이 여섯 명이나 나오냐? 한 나라의 왕은 오직 한 명이지."

마리도 시루의 말을 거들었다.

"맞아. 텔레비전 사극을 보면 왕이, '하늘 아래 태양이 하나이듯 나라의 주인은 나 하나다' 하는 대사가 나오잖아."

그러나 파래도 지지 않고 대꾸했다.

"여섯이면 어때? 각자 땅을 여섯 개로 나눠서 사이좋게 다스리면 되지."

"하하, 이거 오늘 할 공부를 다 한 거나 마찬가지네. 너희들 말이 다 맞아. 그럼 가야 이야기를 시작해 볼까?"

철로 만든 가야 갑옷과 투구
가야에는 철이 많이 생산되어 철로 만든 갑옷과 투구가 많이 출토되고 있어.

가야의 건국

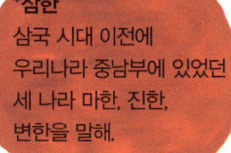

*삼한
삼국 시대 이전에 우리나라 중남부에 있었던 세 나라 마한, 진한, 변한을 말해.

"지금으로부터 약 2,000년 전인 서기 42년의 일이야. 삼한* 가운데 경상남도에 있는 변한의 작은 나라 구야국에서 이상한 일이 벌어졌어.

경상남도 지역을 지배한 철의 나라, 가야

하늘에서 신의 목소리가 들려온 거야. 왕 없이 백성을 다스리던 족장 아홉 명은 신이 명하는 대로 막대기로 바닥을 두드리며 춤을 추고 노래를 불렀어.

"거북아, 거북아, 머리를 내놓아라. 내놓지 않으면 구워서 먹으리."

그러자 하늘에서 붉은 보자기에 싸인 금빛 상자가 내려왔어. 상자에는 황금 알 여섯 개가 들어 있었지. 며칠 뒤 알에서 여섯 명의 아이가 나왔어. 그중 가장 먼저 나온 아이가 김수로였지. 김수로는 금관가야의 왕이 되었고, 나머지 아이들도 각각 대가야, 소가야, 아라가야, 고령가야, 성산가야 등 다섯 나라의 왕이 되었단다."

파래가 벌쩍 일어났다.

"거봐, 내 말이 맞았잖아. 하하하."

시루가 고개를 갸웃거렸다.

"신성한 존재는 원래 하나여야 하는 거 아녜요? 그런 식이라면 너도 나도 다 신성한 존재라고 하면서 왕이 되려 할 테고. 그러면 서로 싸우다 나라가 망할 것 같은데."

은지도 한마디 했다.

"백제도 마한의 다른 나라들을 무릎 꿇려 하나의 왕만 존재했잖아요? 왕이 여섯 명인 채로 가야가 멸망하는 순간까지 갔다는 건가요? 그건 좀 말이 안 되는 거 같아요."

빡쌤이 흐뭇한 표정으로 두 아이를 보았다.

"그런데 그게 바로 가야의 특징이야. 가야는 경상남도 지역에 세워졌던 여러 나라의 연합이야. 그런데 그 나라들 가운데 상대방을 완전히 무릎 꿇릴 정도로 강한 나라가 없었어. 그러다 보니 하나의 나라로 합쳐지지 않은 채 유지되었지."

경상남도 김해시 구지봉에 있는 구지봉석
가야 건국 신화의 배경인 구지봉 봉우리에는 마치 거북처럼 생긴 둥그런 바위가 있어. 신화와 관련된 것은 아니고 청동기 시대 고인돌이야. 그런데 생긴 게 꼭 거북이 같아서 가야가 생기기 오래전 사람들이 가야의 건국을 예견한 것 같지?

"어떻게 모든 나라의 힘이 같을 수 있죠?"

"완전히 똑같을 수야 있겠어? 그 가운데 다른 나라보다 힘이 더 강한 나라가 여러 나라의 중심 노릇을 했지."

"아, 그 중심이 어느 나라인지 알겠어요."

시루의 말에 모두의 시선이 시루에게로 향했다.

"금관가야예요."

빡쌤은 깜짝 놀라 입을 크게 벌렸다.

"왜 그렇게 생각하지?"

"김수로가 가장 먼저 나왔다면서요. 그럼 제일 큰형이란 말이잖아요. 그러니까 김수로가 세운 금관가야가 중심인 게 당연하겠죠. 저희 아빠도 제가 가장 먼저 태어난 첫째니까 동생들을 잘 돌보라고 하시거든요."

"와우!"

빡쌤이 고개를 끄덕이며 박수를 쳤다. 아이들은 영문도 모르면서 빡쌤을 따라서 박수를 쳤다.

"맞아. 김수로의 한자는 쇠 금(金), 머리 수(首), 이슬 로(露)야. 여섯 가야의 머리란 말이지. 시루의 추리력이 대단하구나."

아이들은 "오!" 하며 시루를 향해 엄지를 치켜들었다.

가야를 세운 사람들은 어디에서 왔을까?

"그런데 가야를 세운 사람들은 어디서 왔을까? 사람이 알에서 태어났을 리는 없으니 분명 어딘가에서 변한의 작은 나라로 왔을 텐데 말이지. 고조선도 곰 부족이 살던 땅으로 신의 아들 부족이 와서 합쳐지면서 세워졌잖아?"

아이들은 고개만 갸웃거릴 뿐 대답을 못했다.

"그 힌트는 아까 먹은 밀면에 있어. 한국 전쟁 때 부산으로 피난 온 이북 사람들은 자기 고향의 음식인 냉면을 만들어 팔았어. 그런데 냉면의 재료인 메밀이나 감자 전분을 구하기가 어려워 가격도 싸고 쉽게 구할 수 있었던 밀가루에 전분을 섞어 냉면을 만들었어. 그게 바로 밀냉면, 즉 밀면이야."

마토는 음식 이야기가 나오자 아주 적극적으로 질문했다.

"그럼 가야를 세운 사람들도 북쪽 지방에서 피난 온 사람들인가요?"

시루가 무릎을 탁 치며 말했다.

"맞아. 생각해 보니 고구려를 세운 주몽도 부여에서 온 사람이었잖아."

빡쌤의 이야기가 이어졌다.

"한국사를 공부한 보람이 있구나. 이렇게 척척 이야기가 나오니 말이야. 기원전 108년 고조선이 한나라에 망하자 많은 고조선 유민*들이 살 곳을 찾아 여기저기로 흩어졌어. 그들 가운데 한반도의 가장 남쪽인 변한까지 내려온 사람들은 철을 잘 다뤘어. 변한 지역은 날씨가 따뜻해 농사짓기 좋을 뿐만 아니라 무엇보다 질좋은 철이 많이 생산되는 땅이었지."

"그럼 나중에 신라가 되는 진한 쪽은 살기가 좋지 않았나요?"

"그곳엔 힘이 강한 다른 세력이 먼저 자리를 잡고 있었을 거야. 비슷한 경우로 나중에 신라 왕이 되는 석탈해도 가야에 자리 잡으려다 이미 나라를 세우고 버티고 있는 김수로에게 밀려 신라로 갔거든. 이 이야기는 곧 이어 나오니까 조금만 기다려.

남쪽으로 내려온 북쪽의 사람들은 원래 있던 사람들과 합쳐서 강력한 나라를 세웠어. 그 힘의 바탕은 사람들의 결합과 마찬가지로, 질 좋은 철의 생산과 그것을 다룰 뛰어난 철기 제작 기술의 결합이었어. 당시에는 철이 지금의 미사일이나 석유 같은 위력을 갖고 있었거든.

가야의 건국 신화에 나오는 금으로 만든 상자나 황금 알 등은 철을 의미해. 여기서 금은 귀금속이 아니라 쇠를 말하거든. 한자로 쇠를 금(金)이라고 쓰는데 김수로의 김(金)도 쇠를 뜻하는 글자야. 즉, 가야는 발달된 철기 제작 기술을 가지고 남쪽으로 내려온 고조선 유민들이 중심이 되어 세워진 나라지."

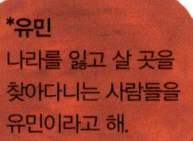

*유민
나라를 잃고 살 곳을 찾아다니는 사람들을 유민이라고 해.

"아, 그럼 알과 밀면만 알면 가야의 건국 신화를 쉽게 이해할 수 있군요."

은지가 고개를 끄덕이며 말했다.

"쌤, 앞으로도 한국사 공부 때마다 음식을 통해 알려 주세요. 머리에 쏙쏙

들어와요."

마토가 입맛을 쩍쩍 다시며 말하자 빡쌤의 이마에서 굵은 땀방울이 삐질 솟았다.

"수, 수업 때마다 음식을……."

가야 나라들의 다른 이름

"그런데 쌤, 가야 나라의 이름 가운데 이상한 게 있어요."

빡쌤이 마토의 눈길을 피해 은지 쪽으로 몸을 돌리며 말했다.

"그래, 뭐가 이상하지?"

"아까 소가야라고 하셨는데, 세상에 자기 나라 이름을 소가야, 즉 작은 가야라고 짓는 왕이 어디 있어요?"

은지가 공책에 작을 소(小) 자를 적어 보이며 말하자 한자를 모르는 다른 아이들의 입에서 부러움의 탄성이 터져 나왔다.

"근데 소가야의 소 자가 작을 소인지 어떻게 알았니?"

"대가야, 소가야 하니까 크고 작다를 의미한다고 생각했어요."

철로 만든 가야의 말 투구
가야는 질 좋은 철이 생산되고 철기 제작 기술이 뛰어났어. 심지어 가야에서는 말 투구도 철로 만들었단다.

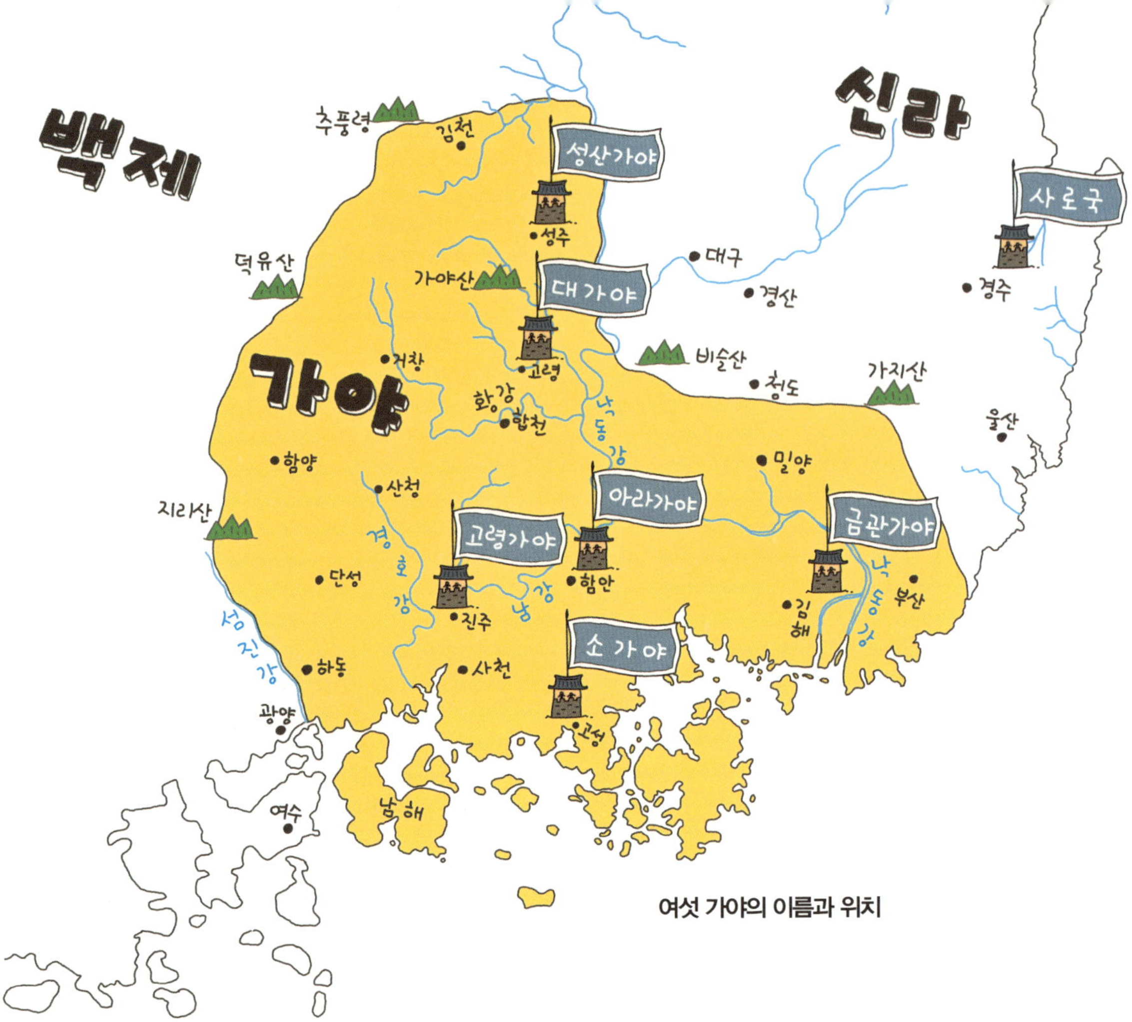

여섯 가야의 이름과 위치

"오호, 대단한데! 사실 여섯 가야의 이름은 일연 스님이 쓴 《삼국유사》에 나오는 이름이야. 실제로는 다른 이름으로 불렸다고 해. 금관가야(김해)는 구야국 또는 가락국, 대가야(고령)는 가라국 또는 반로국, 아라가야(함안)는 아야국 또는 아라국, 소가야(고성)는 고자미동국 이런 식으로 말이지."

"고자미동국. 하하하, 쌤 이름이 너무 이상해요."

"그렇지? 그런데 신라의 처음 이름이 사로국이고 마한을 지배한 나라 이름이 목지국인 걸 생각해 봐. 무슨 가야 하는 것보다 무슨 국 하는 게 훨씬 더

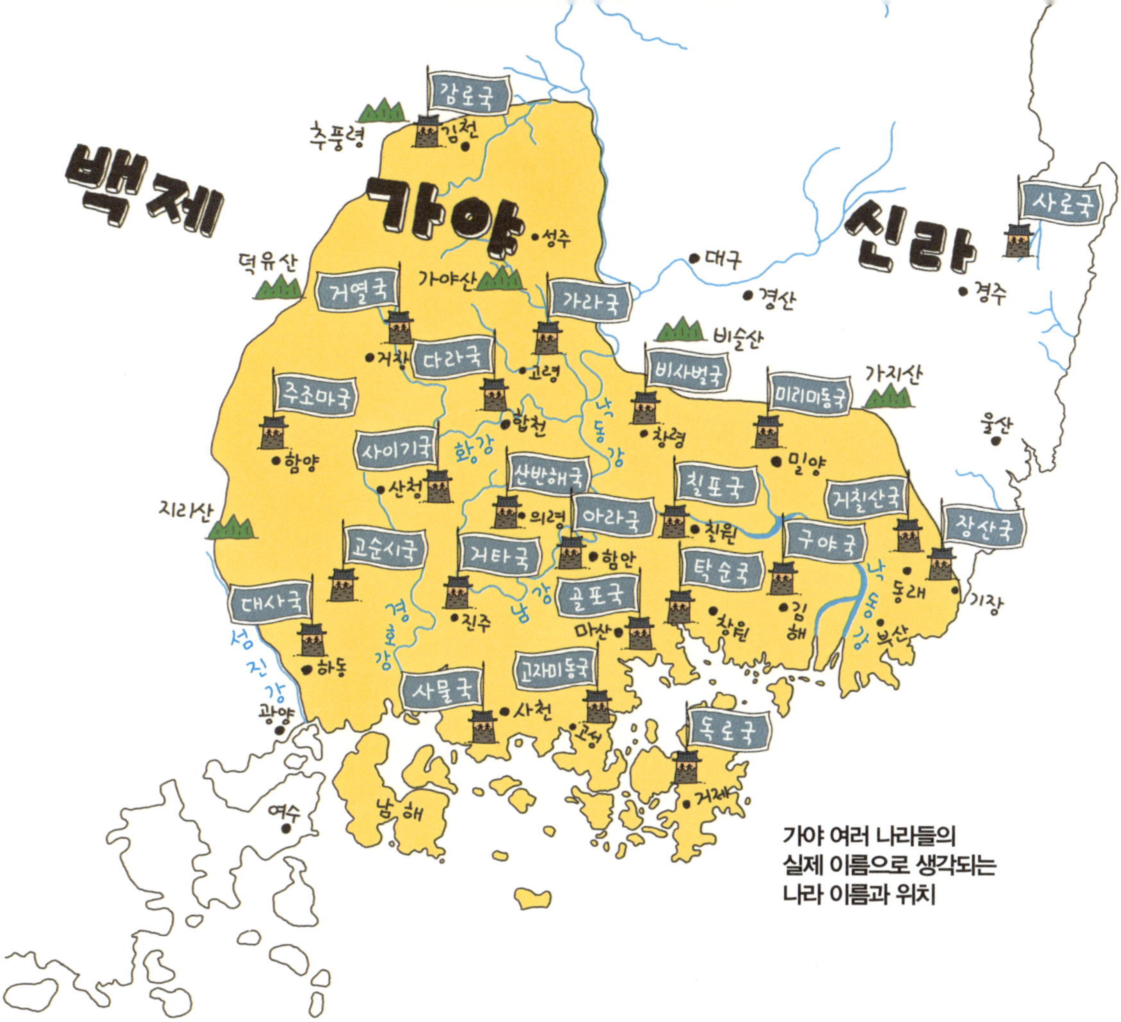

가야 여러 나라들의 실제 이름으로 생각되는 나라 이름과 위치

자연스럽지 않아?"

"그럼 이제부터는 가락국, 아야국 이렇게 불러야 하겠네요?"

"아직은 신중하게 생각할 부분이야. 많은 역사 유물과 유적, 다양한 자료들을 충분히 연구하고 검토하는 과정이 필요해. 그리고 사람들이 서로 마음을 열고 깊이 대화해야 해. 그래서 감춰져 있는 가야의 역사를 우리 민족의 자랑스러운 역사 속에 당당하게 자리 잡도록 노력해야겠지."

"그런데 일연 스님은 왜 무슨 가야 무슨 가야라고 했을까요?"

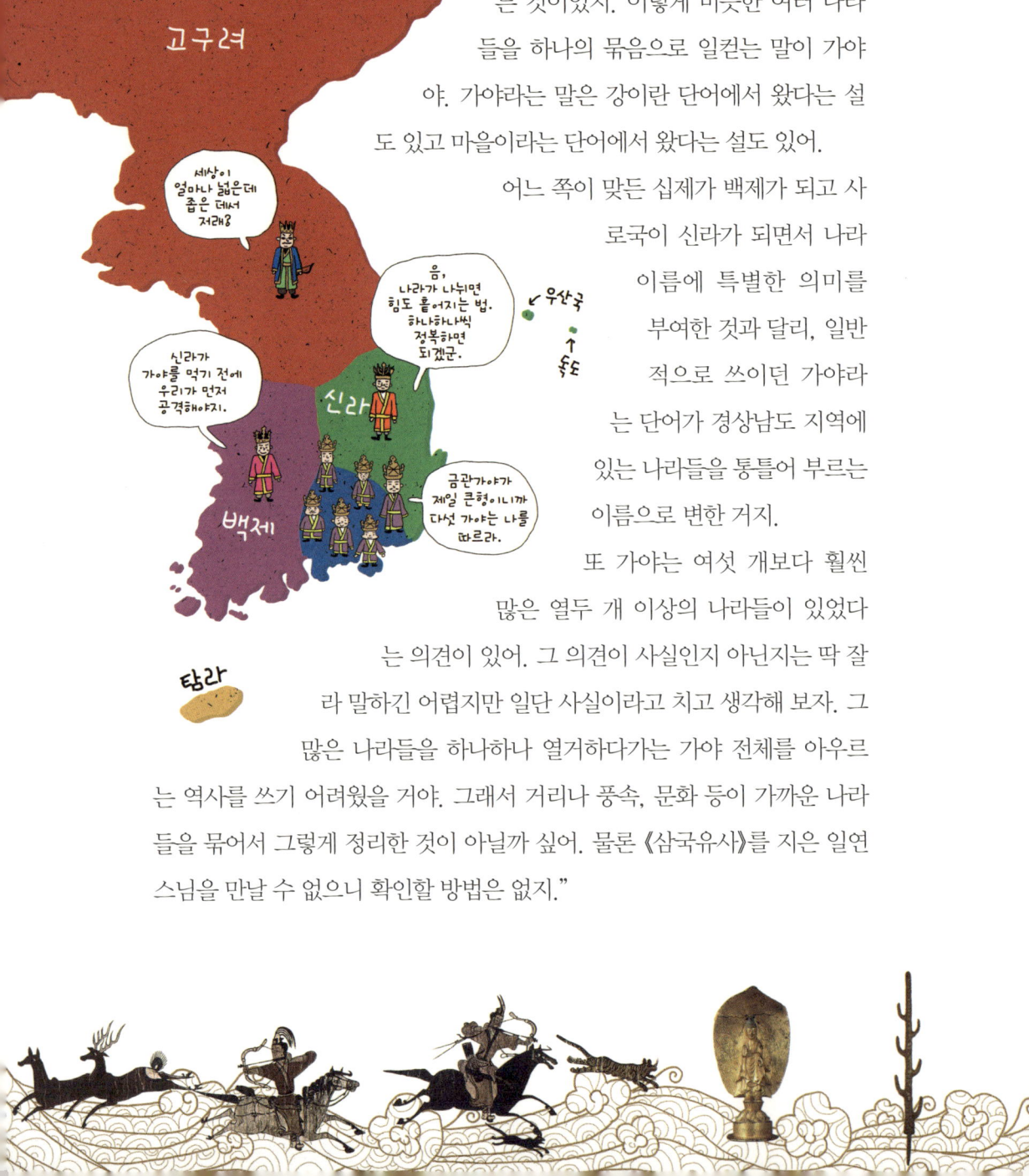

"가야의 여러 나라들은 비슷한 문화와 전통을 가지고 있었어. 그것은 가까이 있는 신라나 백제와는 다른 것이었지. 이렇게 비슷한 여러 나라들을 하나의 묶음으로 일컫는 말이 가야야. 가야라는 말은 강이란 단어에서 왔다는 설도 있고 마을이라는 단어에서 왔다는 설도 있어. 어느 쪽이 맞든 십제가 백제가 되고 사로국이 신라가 되면서 나라 이름에 특별한 의미를 부여한 것과 달리, 일반적으로 쓰이던 가야라는 단어가 경상남도 지역에 있는 나라들을 통틀어 부르는 이름으로 변한 거지.

또 가야는 여섯 개보다 훨씬 많은 열두 개 이상의 나라들이 있었다는 의견이 있어. 그 의견이 사실인지 아닌지는 딱 잘라 말하긴 어렵지만 일단 사실이라고 치고 생각해 보자. 그 많은 나라들을 하나하나 열거하다가는 가야 전체를 아우르는 역사를 쓰기 어려웠을 거야. 그래서 거리나 풍속, 문화 등이 가까운 나라들을 묶어서 그렇게 정리한 것이 아닐까 싶어. 물론 《삼국유사》를 지은 일연 스님을 만날 수 없으니 확인할 방법은 없지."

빡쌤이 조금 답답한 얼굴로 말하자 파래가 나섰다.
"타임머신이 발명되면 일연 스님에게 가서 물어보면 되죠."
시루가 파래에게 핀잔을 주었다.
"바보야. 타임머신이 있으면 바로 가야로 가서 알아보면 되지."
"아, 그렇지!"
파래는 박수를 치며 큰 깨달음이나 얻은 듯 말했다.
"아무튼 아직 타임머신이 발명되지 않았으니까 일단 일연 스님이 말한 이름으로 가야 이야기를 하도록 하자."

가야, 백제와 신라에 뒤지지 않다

"쌤, 그럼 경상북도 지역은 신라, 경기도·충청도·전라도 지역은 백제, 경상남도 지역은 가야 이렇게 나뉘어 있었군요."
시루의 질문에 빡쌤은 고개를 저었다.
"기록에 따르면, 가야의 경계는 동쪽으로는 낙동강 서쪽, 서쪽으로는 섬진강 동쪽, 북쪽으로는 가야산 아래쪽, 남쪽으로는 남해야. 즉, 현재의 경상남도 지역이 맞아. 그런데 최근 들어 활발하게 발굴된 유물과 유적을 보면 낙동강 동쪽 동래, 양산, 밀양 등에서도 가야의 유물이 발견되었어. 또 백제의 영역인 줄로만 알고 있는 전라도 지역 장수, 임실, 남원 등에서도 가야의 흔적이 발견되었지. 시기에 따라 다르겠지만, 가야의 영향력이 지금까지 알려진 것보다 훨씬 넓은 지역까지 미쳤을 거야."
"이렇게 넓은 지역에 영향을 미칠 정도면, 가야의 힘이 신라와 백제에 비해

여섯 가야의 이름은 어떻게 지어졌나요?

일연 스님은 신라와 백제에 속하지 않고 나름대로 비슷한 전통과 문화를 가진 경상남도 지역의 나라, 즉 가야를 《삼국유사》에 기록하면서 당시의 이름이 아닌 고려 시대의 기준으로 이름을 붙였어. 다시 말해, 가야라는 이름 앞에 지역의 이름이나 특징을 붙인 거지.

고령, 성산, 금관은 지역의 이름을 붙인 것이고, 대가야는 여러 가야의 나라 중 중심 역할을 하는 나라라는 의미이고, 소가야는 알에서 태어난 여섯 명 가운데 마지막으로 태어난 사람이 세웠다 해서 작은 가야라고 이름 지은 거야. 고령이나 성산은 가야 시대에는 아예 없던 지역 이름이야.

그러니 고령가야, 성산가야라는 나라 이름은 가야 시대엔 없었다고 봐야겠지. 그리고 금관이란 이름도 신라가 통일을 이룬 뒤 생긴 것인데 김해 지역의 철을 관리하는 벼슬아치를 뜻하는 이름이었을 거야. 《삼국사기》를 보면 "구형왕이 신라에 항복했으므로 그 땅을 금관군으로 삼았다."라고 하는데, 지금의 김해 지역이 통일 신라 때는 금관으로 불렸고 금관이라는 지역명에 가야라는 단어를 붙인 것이라고 생각해 볼 수 있어.

금관가야의 다른 이름으로 가락국 말고도 본가야, 대가야라는

것도 있어. 그렇다면 대가야가 두 개인 셈이잖아. 이건 가야 역사를 좀 살펴볼 필요가 있어.

가야의 여러 나라를 이끄는 중심 나라는 가야 전기에는 가락국(금관가야)이었고, 가야 후기에는 가라국(대가야)이었어. 다시 말해 중심이 되어 가야의 여러 나라를 이끄는 나라를 대가야라고 한 거지. 일연 스님은 가야의 마지막을 기준으로 그 당시 중심국인 가라국을 대가야로 부른 거지.

아라가야는 아라국에서 따온 말이니까 이것은 그래도 원래 이름이 살아 있네.

일연 스님이 가야 여러 나라의 이름을 몰라서 그렇게 적지는 않았을 거야. 다만 워낙 여러 나라들이 있었고 그 가운데는 중간에 가야 다른 나라에 합쳐져 없어지거나 신라에 흡수되어 없어지기도 했겠지. 또 없어졌다가 자기를 흡수한 나라의 힘이 약해져 다시 세워지는 일도 있었을 거고. 일연 스님은 그런 여러 나라들을 일일이 열거할 수는 없다 보니 여섯 개의 나라로 정리한 것 같아.

또 어쩌면 가야 말기엔 몇몇 힘 있는 여섯 나라를 중심으로 소국들이 뭉쳤을 수도 있겠지. 아무튼 가야가 존재하던 시절에는 《삼국유사》에 적힌 이름이 아닌 각각 개성 있고 재미있는 이름으로 불렸다는 사실을 기억하면 좋겠어.

결코 뒤지지 않았다는 사실을 알 수 있어. 가야를 이루는 여러 나라 가운데서도 가장 힘이 센 나라는 김수로 왕이 다스린 금관가야(가락국)야. 그의 힘이 얼마나 대단했는지를 알 수 있는 이야기가 있어."

수로왕, 석탈해와 겨루다

"《삼국유사》〈가락국기〉에 이런 내용이 있어. 어느 날, 바다를 통해 탈해라는 사내가 수로왕을 찾아왔어. 그러고는 대뜸 이렇게 말했지. '나는 왕의 자리를 빼앗으러 왔소.' 라고 말이야.

수로왕은 자신이 나라를 안정시키고 백성들을 잘 살게 하라는 하늘의 명령을 받은 사람이므로 왕위를 넘기는 건 하늘의 뜻을 어기는 거라며 점잖게 거절했어."

"수로왕 참 속도 좋네요. 나 같으면 단칼에 그냥!"

시루가 손바닥의 날을 목에 갖다 대며 말했다.

"그렇게 하면 너무 시시하잖아. 나라를 세울 정도로 뛰어난 영웅들의 세계에는 뭔가 남다른 게 있어야지. 수로왕의 거절에 탈해는 도술로 실력을 겨루자 했어. 수로왕은 흔쾌히 수락했지.

탈해가 도술을 써서 평 하고 매로 변했어. 그러자 수로왕은 독수리로 변해

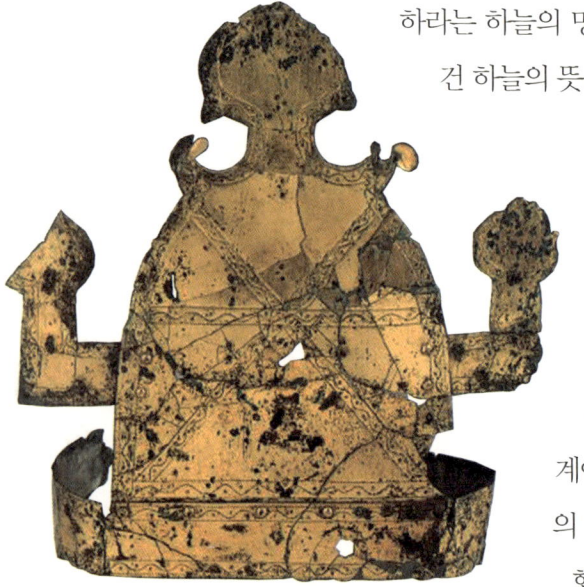

가야 금동관
고령 지산동 고분군에서 발견된 금동관이야. 끝부분이 연꽃 봉오리 모양으로 장식되어 있어.

서 커다란 날개를 펄럭였지. 놀란 탈해가 순식간에 참새로 변하니 수로왕은 새매가 되어 날카로운 눈빛을 번뜩였지. 사람 모습으로 돌아온 탈해는 수로왕에게 패배를 인정하고 배를 타고 떠났어."

"오, 쿨하다. 왕권에 도전한 사람을 순순히 보내 주다니."

"과연 그럴까? 수로왕은 탈해가 가야 땅에 숨어 있다가 나중에 반란을 일으킬지도 모른다고 생각해 500척이나 되는 배로 탈해를 뒤쫓았어. 탈해는 죽기 살기로 달아나 계림으로 도망갔지. 계림은 신라의 다른 이름이야."

"그럼 그렇지. 그런데 사람 하나 잡자고 배를 500척이나 쓰다니, 수로왕의 뒤끝이 장난 아닌데요?"

"500척을 동원해야 할 만큼 탈해가 대단한 사람이란 말이기도 하지. 여기서 등장하는 탈해가 바로 백제의 침입을 막아 내고 중앙 조직과 지방 조직을 정비해 신라의 기틀을 다진 신라의 네 번째 왕 석탈해야. 신라의 왕이 가야의 왕에게 덤볐다가 큰코다쳤다는 이야기지. 물론 진짜 있었던 일은 아니야. 사람이 새가 된다는 건 있을 수 없는 일이니까. 이 설화에 담긴 역사적 사실은, 가야가 신라보다 강한 나라였다는 거지.

수로왕, 신라의 고관대작을 베다

"수로왕의 힘을 보여 주는 또 다른 이야기를 해 볼까? 이건 《삼국사기》에 나오는 이야기야. 때는 서기 102년, 탈해왕의 뒤를 이어 파사왕*이 신라를 다스릴 때였어. 여기서 좀 주의해 보아야 할 것은 당시 신라는 신라가 아니었고 파사왕은 왕이 아니었어."

"쌤, 그게 무슨 말이에요? 파사왕인데 파사왕이 아니고 신라인데 신라가

아니라니."

"그때는 신라가 아니라 '사로국'이란 이름으로 불렸어. 나라 이름이 사로국에서 신라로, 지배자의 호칭이 왕으로 바뀐 건 400여 년이 지난 뒤인 지증왕 때야. 왕도 이사금이라고 불려서 파사왕이 아닌 파사이사금이라 했지."

"그게 그거 아닌가요? 왕을 영어로는 킹이라고 부르듯이, 발음만 다르지 의미는 같은 것처럼 말이에요?"

"단지 발음만 다른 게 아니라 아주 큰 의미의 차이가 있어. 사로국은 진한의 여러 나라 가운데 하나야. 주변 나라들을 정복해 고대 국가로 우뚝 선 신라처럼 강한 나라가 아직은 아니었다는 뜻이지. 이사금이란 호칭 역시 치아의 개수로 돌아가면서 왕이 된 데서 나온 것이야. 즉 왕의 권위가 다져지지 않은 시기였어.

그런 상황에서 파사왕 23년 음집벌국과 실질곡국이란 두 나라가 영토를 두고 싸움을 벌였어. 주변 여러 나라 가운데 맏형 노릇을 하던 사로국의 파사왕이 말려야 하는 상황이었지. 그런데 두 나라가 한 발자국도 물러나지 않고 버티는 통에 파사왕도 어쩌질 못했어. 결국 파사왕은 수로왕에게 도움을 청하게 돼. 수로왕은 음집벌국에 분쟁이 생긴 땅을 넘기는 쪽으로 문제를 해결해."

"다른 나라의 문제에 참견할 정도로 가야가 힘이 있었다는 말이군요."

은지가 고개를 끄덕였다.

"문제를 해결해 줬으니 신라에서도 뭔가 보답이 있어야 하지 않나요? 예를 들면 프라이드 치킨이나 피자 같은 맛있는 거."

*파사왕
당시 불리던 이름은 파사이사금이지만 파사이사금 이후 왕을 칭하는 이름이 이사금, 차차웅, 마립간 식으로 계속 바뀌어서 헷갈리기 쉬워. 그래서 왕이라는 호칭으로 통일하려고 해.

식탐 대마왕 마토의 말에 아이들은 어이가 없었다.

"야, 옛날에 치킨이나 피자가 어디 있어?"

시루의 핀잔에도 마토는 굽히지 않았다.

"그게 아니라면 삶은 달걀을 주든가."

마토는 아까부터 탁자 위에 있는 삶은 달걀에서 눈을 떼지 못하고 있었다. 가야 이야기에 빠져 있던 아이들도 비로소 삶은 달걀의 존재를 깨닫고 침을 꿀꺽 삼켰다.

"이런, 뇌로 갈 단백질 공급을 잊고 있었구나. 여섯 가야 왕들도 다 알을 깨고 나왔는데 달걀을 두고 있을 필요가 없지. 깨자."

빡쌤의 말이 떨어지자마자 달걀은 껍데기만 남기고 아이들 배 속으로 들어갔다.

"다툼을 해결해 준 보답으로 신라에서 가장 힘이 있는 여섯 세력(6부)이 나

김해 수로왕릉
금관가야를 세운 수로왕의 무덤이야. 경상남도 김해시 서상동에 위치해 있어.

서서 잔치를 열었어. 그런데 다섯 세력에서는 왕족이자 두 번째로 높은 벼슬인 이찬을 보냈는데, 한기부에서만 낮은 벼슬인 사람을 보낸 거야.

수로왕은 이에 크게 화가 났어. 국제 관계에서는 나라의 손님을 맞는 사람의 직책이 아주 중요해. 높은 직책의 사람이 맞이한다는 것은 손님을 높게 생각한다는 뜻이거든. 그런데 낮은 벼슬을 가진 사람을 보냈으니 자기를 우습게 안다고 생각한 거지.

수로왕은 바로 자기의 종을 시켜 한기부의 우두머리인 보제를 죽이고 가야로 떠나 버려."

아이들은 수로왕의 행동에 입을 쩍 벌렸다.

"우아, 수로왕 성깔 장난 아니다!"

"이건 수로왕 성질 머리에 대한 얘기가 아니야. 나라와 나라 사이의 행사에서 그것도 상대방 나라에서 가장 높은 사람을 기분이 나쁘다고 죽인다는 건 있을 수 없는 일이야. 만약 그런 일이 가능하다면 가야가 신라보다 훨씬 강한 힘을 가졌다는 의미지."

"가야의 힘을 증명할 수 있는 건 그 사건 이후 신라의 대응을 보면 알 수 있어. 외교적으로 망신을 당한 신라는 어떻게 했을까?"

"전쟁이 났겠죠."

파래가 자신 있는 표정으로 말했다.

"기록이 없어. 즉, 아무것도 못했다는 거지."

"다른 나라의 영토 분쟁에 이래라저래라 할 수 있고, 실수를 하면 단칼에 베어 버린다니. 가야, 정말 대단해!"

지난 수업에서 백제 편이 되었던 마리는 이번엔 가야 편이 되어 환호했다. 파래는 시루의 눈치를 보며 말했다.

경상남도 지역을 지배한 철의 나라, 가야

"가야의 힘은 어디에서 왔을까? 나도 그런 힘을 가졌으면 정말 좋겠다."

가야 힘의 원동력, 철

"파래가 가야와 같은 힘을 가지려면 철이 좀 들어야 할 것 같구나."

아이들은 빡쌤의 말을 받아 파래를 철부지라고 놀렸다.

"그만 좀 해. 철들라는 건 그 뜻이 아니야. 그렇죠, 쌤?"

파래가 점잖게 말했다.

"오, 파래가 내 뜻을 알아챈 거니?"

아이들은 은지가 아닌 까불이 파래가 빡쌤의 의도를 눈치 챈 것이 믿기지 않았다. 파래는 벌떡 일어나더니 쇠로 된 작은 스테이플러 심 하나를 머리 위로 들었다.

"쌤, 저 철 들었어요, 히히히."

파래의 엉뚱한 짓에 아이들은 '그럼 그렇지!' 하는 표정을 지었다.

"파래의 행동이 답이야. 가야의 힘은 철에서 나왔어."

'거봐!' 하며 파래가 어깨를 으쓱거렸다.

"가야의 힘을 이해하기 위해선 금관가야의 위치를 알 필요가 있어. 금관가야가 터를 잡은 곳은 낙동강이 바다

가야 기병을 재현한 조형물
철제 갑옷과 투구로 무장한 가야 기병의 모습이야. 가야는 신라와 백제에 뒤지지 않을 만큼 우수한 군대를 가진 나라였어.

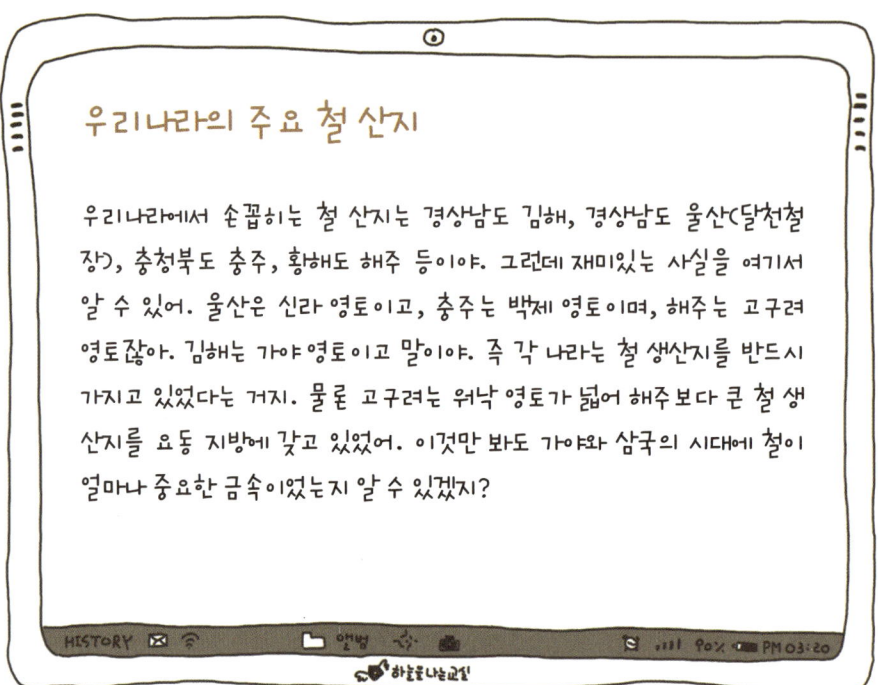

우리나라의 주요 철 산지

우리나라에서 손꼽히는 철 산지는 경상남도 김해, 경상남도 울산(달천철장), 충청북도 충주, 황해도 해주 등이야. 그런데 재미있는 사실을 여기서 알 수 있어. 울산은 신라 영토이고, 충주는 백제 영토이며, 해주는 고구려 영토잖아. 김해는 가야 영토이고 말이야. 즉 각 나라는 철 생산지를 반드시 가지고 있었다는 거지. 물론 고구려는 워낙 영토가 넓어 해주보다 큰 철 생산지를 요동 지방에 갖고 있었어. 이것만 봐도 가야와 삼국의 시대에 철이 얼마나 중요한 금속이었는지 알 수 있겠지?

와 만나는 김해 지역이야. 이곳은 바다를 통해 먼 곳으로도, 낙동강을 통해 육지 깊숙한 곳으로도 갈 수 있는 곳이야. 한마디로 교역의 중심지라고 할 수 있지.

 옛날에는 넓고 평평한 길이 많지 않아서 무역품을 옮기는 데 바닷길이 주로 이용되었어. 그럼 가야의 경우 이 바닷길을 통해서 어떤 물건이 오고 갔을까? 그건 바로 철이야. 김해 지역에서는 철의 원재료인 질 좋은 철광석이 많이 났단다.

 당시 나라를 세우고 지키는 데 가장 중요한 요소가 철이었어. 철이 있어야 무기를 만들 수 있고 그것으로 다른 나라를 정복할 수도 있었지. 물론 다른 나라의 침략을 막아 내기 위해서도 철로 만든 강한 무기가 필요했어. 가야

에는 이렇게 중요한 철광석이 많이 나오고 그걸 팔 수 있는 교역로도 있었단다. 그러나 이것만으로는 큰 이익을 낼 수 없지.

 "진짜 중요한 것은 철광석에서 철을 뽑아내는 기술이야. 이 기술이 없다면 철광석은 그저 불그죽죽한 돌덩이에 불과해 . 아까 수로왕이 철을 잘 다루는 고조선의 세력이었을 거란 얘기를 했지? 가야에는 철광석을 녹여 좋은 철을 생산할 기술자들이 있었어."

 "아름다운 다이아몬드도 원석인 상태에선 큰돈이 안 되지만, 가공을 하면 아주 비싸게 팔 수 있대요."

 꾸미기 좋아하는 마리가 신이 나서 말했다.

 "아름다운 건 좋은데 다이아몬드를 원석에서 가공하는 것이 아주 힘들었다는 게 문제지. 그런데 철을 철광석에서 뽑아 내는 일은 그것보다 훨씬 더 어려웠어. 철 성분이 들어 있는 돌을 녹이려면 섭씨 1,539도나 되는 엄청나게 높은 온도가 필요하거든. 높은 온도를 낼 수 있는 노(용광로)를 만들고, 풀무를 이용해 불이 잘 타도록 공기를 불어넣고, 철을 제외한 찌꺼기를 걸러 내고, 강한 철을 위해 탄소를 집어넣는 등 복잡하고 섬세한 기술이 필요해."

경남 밀양 사촌리 출토 철광석
옛 가야 지역인 밀양에서는 철기 제작 과정에 사용된 철광석이 출토되었어. 용광로에 철광석을 녹이면 쇠가 만들어진단다.

가야 제철 공방을 재현해 놓은 모습(독립기념관)
질 좋은 철이 많이 생산되는 가야 지역에서는 사진과 같이 쇠를 만드는 제철 공방을 여기저기서 많이 볼 수 있었을 거야.

무역의 중심, 가야

"이렇게 질 좋은 철을 구하러 중국이나 왜의 사람들이 가야로 찾아왔어. 가야는 뛰어난 기술로 만들어 낸 철을 수출해 큰 이익을 얻었지. 이때 갖고 다니거나 물건을 만들기 좋게 두드려 긴 나무판자처럼 만든 덩이쇠는 돈처럼 쓰이기도 했어."

"철로 물건을 사는 건 철과 물건을 맞바꾸는 물물교환이지 돈을 내는 건 아니잖아요?"

은지가 안경을 올려 쓰며 날카로운 질문을 던졌다.

"좋은 지적이야. 물물교환의 경우 서로 원하는 것을 갖고 있을 경우에 이

뤄질 수 있어. 내가 갖고 있는 물건을 원하는 사람이, 내가 원하는 물건을 갖고 있어야 해. 예를 들어 호박을 가진 사람이 고등어를 먹고 싶어. 그러면 고등어를 가진 누군가가 호박을 원해야 거래가 이루어지지. 그렇지 않으면 호박과 고등어를 교환할 수 없어. 그러나 철만 가지고 있으면 원하는 것이 무엇이든 교환할 수 있었어. 그러니 철을 돈이라고 할 수 있는 거야. 현대 사회에서 모든 가치의 척도가 되는 금처럼 가야의 철은 가치 있는 물건이었어.

나아가 가야는 철뿐만 아니라 한반도 중북부에 있는 한 군현에서 중국의 물건을 가져다 왜나 주변 여러 나라에 되팔아 부를 쌓아 나갔어. 이것을 중개무역이라고 해. 금관가야는 여러 나라가 끊임없이 드나드는 최고의 교역 중심지였단다.

철의 생산과 교역을 통해 가야는 나날이 발전해 나라 곳간은 가득차고 백성들도 평안한 삶을 살게 되었어. 그런데 이런 가야에도 한 가지 걱정거리가 있었지."

가야 시대의 덩이쇠
덩이쇠는 말 그대로 쇳덩이를 가리켜. 긴 나무판자처럼 만든 덩이쇠는 화폐처럼 사용하기도 했단다.

한 군현

고조선을 멸망시킨 한나라의 무제가 그 땅을 지배하기 위해 세운 낙랑군, 진번군, 임둔군, 현도군 등 행정 구역이야. 이 중 진번군은 이런저런 사정으로 나중에 대방군이 되었어. 한나라 관리가 직접 다스리는 지역으로 알려져 있지만, 중국 편을 드는 고조선의 또 다른 세력이 앞잡이가 되어 다스렸다는 주장도 있어. 실제로 시간이 흐를수록 한나라가 군현들을 완벽하게 통제하진 못했다고 해. 나중엔 한나라의 행정 구역의 역할보다는 한나라의 문물을 한반도 남쪽 지역과 왜 등에 전해주는 길목의 구실을 했어. 한 군현 가운데 평안도 지역에 위치한 낙랑군과 황해도 지역에 자리 잡은 대방군은 가야가 한나라의 문물을 수입하고 철을 수출하는 중요한 교역로였어.

수로왕, 장가 가다

"그 걱정거리란 수로왕이 나이가 들어도 결혼할 생각을 안 한다는 거야. 어서 결혼해 왕위를 이을 왕자를 낳아야 하는데 말이지. 신하들은 걱정이 태산이었어. 수로왕은 언젠가 하늘이 정한 짝이 찾아올 거라고 태평하게 말했어.

그러던 어느 날 김해 앞바다에 붉은 돛을 단 배가 붉은 깃발을 나부끼며 다가왔어. 그 배에는 인도 아유타국에서 온 공주 허황옥이 타고 있었지. 구지가를 부르며 왕이 오길 기원했던 아홉 명의 족장(9간) 기억나지? 그 가운데 한 명인 신귀간이 대궐로 달려가 수로왕에 이 사실을 알렸어. 하늘이 정해 준 왕비가 멀리서 올 것임을 알고 있던 수로왕은 기뻐하며 아홉 씨족장을 보내 공

주를 모셔오게 했지. 그리고 허황옥을 왕비로 맞아들였고 열 명이나 되는 아들을 낳았어."

"오오, 낭만적이야. 운명적 사랑이잖아."

평소 자기는 운명적으로 맺어진 사랑을 할 거라던 마리가 감격에 겨워 말했다.

"그런데 인도라면 아주 먼 나라인데 우리나라까지 왔다는 게 안 믿겨져."

은지가 고개를 갸우뚱했다.

"나도 이상하게 생각해. 내가 왕이라면 귀한 공주를 먼 바닷길로 보내지 않았을 거 같아. 언제 폭풍이 몰려올지 모르고, 또 해적이 나타날 수도 있고."

파래는 자기가 왕이 된 것처럼 심각한 표정으로 말했다.

"학자들은 이 설화가 후대 사람들이 불교적인 이미지로 꾸며 낸 이야기라고 보고 있어. 불교가 생긴 나라가 인도거든. 아무튼 수로왕이 특별한 사람이라서 그런지 사랑 이야기도 특별하지 않니?"

빡쌤의 말에 마리는 속이 상해서 거의 울 지경이 되었다.

"전 운명적 사랑이라서 감동했는데 꾸며 낸 이야기라니 실망이에요."

"너무 실망하진 마. 어떤 이들은 허황옥이 인도의 엄청 큰 상단을 이끄는 여자 우두머리일지도 모른다고 추측해. 싣고 온 값비싼 보물을 수로왕에게 팔러 갔다 서로 반했다는 거지. 실제로 《삼국유사》에는 허황옥이 각종 비단, 금, 은, 주옥과 갖가지 구슬과 보배로운 기물을 잔뜩 배에 싣고 왔다고 해. 나라의 부를 교역을 통해 쌓은 가야 입장에서 상인 집단은 중요한 손님이었을 거야. 게다가 그 정도로 큰 상단의 우두머리라면 공주 수준으로 대우했겠지. 당시 김해는 세계적인 무역항이었으니 그럴싸한 이야기지?"

"오, 큰 상단을 이끌고 바다를 누비는 여자 대장이라! 정말 멋진데."

"설화에 숨은 진짜 이야기가 무엇인지는 확실치 않아. 그러나 인도처럼 아주 먼 외국에서도 찾아올 정도로 당시 가야가 교역의 큰 중심지였다는 사실은 추리해 볼 수 있지.

그런데 인도에서 온 귀하디 귀한 왕비님과 수로왕은 어디서 살았는지 알아?"

"으리으리한 대궐이겠죠?"

"아니. 초가집이었어."

"네? 말도 안 돼요."

아이들은 믿을 수 없다며 머리를 흔들었다.

수로왕의 대궐은 초가집

집 모양 상형 토기
가야 무덤에서는 집 모양 토기가 출토되었어. 이 토기를 통해 당시 가야 사람들이 살던 집의 형태를 추측해 볼 수 있지.

"가야인의 무덤에서 발견된 토기 중에는 집 모양 토기가 있어. 이렇게 어떤 사물의 모양을 본뜬 토기를 상형 토기라고 해. 이것을 통해 가야 사람들이 살던 집의 모양을 추측할 수 있지."

"무덤 속 토기만으로 어떻게 실제 살던 집을 추측할 수 있어요?"

"옛날 사람들은 사람이 죽어서 무덤에 묻혀도 살아 있을 때처럼 생활한다고 믿었거든. 그래서 살아 있을 때 쓰던 물건이나 그 물건과 똑같이 만든 토기를 무덤 안에 넣었어. 심지어는 시중들던 사람들까지 죽여서

같이 묻었어. 죽어서도 주인을 모시라는 거지. 그러니 토기만 봐도 그 시대 물건이 어떤 모습인지 알 수 있는 거야."

"흥미로운 것은 다락집인데, 기둥을 높이 세우고 땅에서 떨어진 허공에 집을 얹은 모양이지. 이것은 뱀이나 벌레, 습기를 피하기 위해서 만들었는데 주로 창고로 사용되었다고 해."

빡쌤은 태블릿 컴퓨터를 열어 가야의 집을 재현한 사진을 보여 주었다.

"이거 원두막 같아요. 원두막을 보니 갑자기 수박이 먹고 싶다."

마토가 또 먹을거리 타령을 했다.

김해 봉황대 가야 유적지에 있는 고상 가옥
김해는 낙동강과 바다가 만나는 교역의 출입구였어. 김해 지역이 바닷물이 드나드는 습지여서 수입하거나 수출하는 물건들이 망가지기 쉬웠지. 그래서 기둥을 세우고 그 위에 집을 지어 교역 물품을 보관했어.

"금관가야는 배를 대는 주변이 온통 습지였어. 수입하거나 수출하는 물건들이 습기나 벌레에 의해 망가지는 걸 막으려면 이런 집이 꼭 필요했을 거야."

"그럼 다락집은 가야만의 독특한 집 모양인가요?"

"그렇진 않아. 다락집은 가야뿐만 아니라 고구려, 백제, 신라에도 있었어. 고구려 팔천리 벽화를 보면 기둥 위에 높이 세워진 다락집에 물건을 가져다 넣는 사람의 모습이 그려져 있어.

다락집은 창고뿐만 아니라 지배층이 사는 집으로도 쓰였어. 백성들은 반지하 집과 같은 움집에서 살았는데 땅을 파고 기둥을 세운 뒤 벽과 지붕을 만든 거야. 반지하가 아닌 지상에 지은 집도 있었어. 이런 집에는 지배층이 살았지. 지배층의 집이든 일반 백성의 집이든 지붕을 짚으로 얹은 초가집이었어. 기와집은 가야 후기에나 지어졌단다."

가야인의 옷

"가야는 그 이전 시대인 변한 때부터 옷감을 잘 짜기로 유명했어. 특히 폭이 넓고 올이 가는 베는 낙랑군에서도 유명할 정도였지. 또 누에를 길러 뽑은 실로 비단옷을 만들었어. 물론 비단옷은 귀족들이 입었어. 백성들은 베 가운데서도 거친 베로 만든 옷을 입었고.

가죽신 모양 상형 토기
무덤에서 발견된 상형토기 가운데는 가죽신 모양 토기가 있는데 끈을 넣어 묶을 수 있는 구멍이 있어.

경상남도 지역을 지배한 철의 나라, 가야

김해 지역 전경
김해 지역은 삼각주가 드넓게 펼쳐진 우리나라의 대표적 곡창 지대야. 그래서 가야도 김해평야에서 많은 곡식을 거두어들였을 거라 생각하기 쉽지만 가야 때의 김해평야는 소금물이 들고 나는 바다와 갈대만 무성한 황무지였어. 걸핏하면 홍수가 나고 자연적으로 제방이 생성된 몇몇 지역 외에는 질퍽질퍽한 습지였지.

백성들은 짚신을 주로 신었어. 귀족들은 가죽신을 신었는데 지금의 운동화처럼 구멍이 있었어. 구멍에 끈을 넣어 묶어서 신었지."

가야인의 음식

"가야가 낙동강 하구 유역 김해 지역에 세워진 나라라는 건 이미 앞에서 이야기 했지? 이 지역은 땅이 기름지고 물이 풍부해 농사가 잘되었어. 작물로

는 쌀, 보리, 조, 콩, 밀 등을 재배해 먹었지. 논농사와 밭농사가 함께 이루어진 거야.

가야 사람들은 곡물을 죽이나 떡으로 만들어 먹었어. 토기에 넣어 찌거나 끓여서 먹었다는 거지. 쌀밥은 쇠솥이 만들어진 뒤에야 먹을 수 있었어. 쌀은 귀한 곡물이어서 귀족들만 먹었고 백성들은 잡곡을 주로 먹었단다.

우리가 김해평야로 알고 있는 낙동강 최하류 지역은 가야 시대에는 농업보다는 어업에 적합했어. 원래 민물과 바닷물이 섞이는 곳은 여러 종류의 물고기가 많이 살거든.

가야 사람들은 이곳에서 잡힌 다양한 생선이나 조개를 먹고 살았지. 고분에서 발견된 토기 안에 있던 생선 뼈와 바다 고둥 등이 그 증거야. 이걸로 보아 고기 잡는 기술도 상당히 발전했다는 사실을 알 수 있지.

재미있는 사실은 조개를 먹고 버려 쌓인 조개무지에서 굴, 백합, 바지락 등의 조개뿐만 아니라 뿔고둥이나 전복의 껍데기도 발견되었다는 거야. 이게 뭐가 재미있냐고? 굴, 바지락 같은 조개는 바닷가 모래나 바위, 뻘 등에서 주울 수 있는 것들이야. 그런데 뿔고둥이나 전복은 깊이가 10미터 이상 되는 제법 깊은 바닷속에 살거든. 즉 바닷속에 잠수하여 잡아 올렸다는 거지. 해녀들처럼 말이야."

둥근 고리가 달린 아름다운 칼

"쌤, 그렇게 좋은 땅이면 다른 나라들이 욕심내지 않았어요? 세계로 열린 무역항, 기름진 땅, 물고기가 넘쳐나는 바다와 강, 무엇보다 질 좋은 철 생산

지. 이건 갖출 건 다 갖춘 땅인데요?"

은지가 궁금증을 참지 못하고 말했다.

"그렇지. 풍요로운 환경은 그것을 지킬 힘이 없다면 재앙이나 다름없어. 당시는 전쟁의 시대로 주변 나라를 정복하며 국력을 키우던 시기였잖아. 그런 상황에서 가야가 520년(42년~562년) 동안이나 살아남았다는 건 그들의 저력이 만만치 않았다는 걸 의미해. 그 힘의 원천이 철이라는 건 이미 말했고. 양질의 철광석 생산지와 최고의 철을 생산할 수 있는 기술력. 가야는 이 것을 바탕으로 최고의 무기를 만들 수 있는 기술까지 갖고 있었어. 바로 이

가야의 철제 무기

가야의 철제 무기 제작 기술을 엿볼 수 있는 유물이 있어. 칼자루 끝에 둥근 장식이 있어 '환두대도'라고 불리는 칼이야. 둥근 장식을 자세히 보면 아주 섬세한 문양이 있어. 이것은 상감 기법을 사용한 것인데, 쇠에 문양을 새기고 그곳에 금이나 은을 박아 넣는 기술이야. 강한 철에 섬세하게 금은을 수놓은 기술력을 보면 당시 가야 사람들은 철을 떡 주무르듯 자유롭게 다뤘다는 걸 알 수 있어. 그런데 강하고 날카로운 무기를 만들 수 있었고 이것으로 가야를 노리는 세력들을 물리친 거지.

가야 고분에서 발견된
은상감당초문환두대도병부

또 가야의 유물로는 철로 만든 갑옷도 있어. 철로 전쟁에서 입을 옷을 만든 거야. 말에게 입힐 철갑도 만들었는데, 그 섬세한 솜씨에 감탄이 절로 나오지.

것이 가야가 삼국의 틈바구니 속에서 버텨낼 수 있었던 진짜 힘이지."

같은 하늘 아래 존재할 수 없는 두 나라

"읍즙벌국과 실직곡국 간의 영토 분쟁 문제를 해결하는 과정에서 수로왕에게 외교적 수모를 당하고도 응징을 하지 못했던 신라의 파사왕 생각나지?"

"네. 근데 파사왕이 그렇게 참고만 있었다는 게 이상해요."

시루가 고개를 갸웃했다.

"파사왕은 농업에 힘을 기울여 나라를 안정시켰어. 그런 뒤 신라를 둘러싼 백제와 가야에 본때를 보여 주어야겠다고 생각하고, 백제 쪽과 맞닿은 가소성(경남 거창)과 가야와 맞닿은 마두성(경북 청도)을 새로 튼튼히 짓고 군사를 준비시켰어."

얼마 뒤 106년, 파사왕은 마두성주를 시켜 가야를 공격해서 수로왕으로부터 신라를 공격하지 않겠다는 약속을 받아 냈지. 그러고는 가야의 소국들을 공격해 신라의 영토로 만들었어."

신라답지 않게 참기만 한 게 이상했던 아이들은 한마디씩 했다.

"그럼 그렇지. 가만히 있을 신라가 아니지."

"수모를 되갚아 줄 힘을 길렀던 것이군요?"

"그럼 가야도 뭔가 했을 것 같은데요?"

"가야도 반격을 했지. 때는 파사왕의 뒤를 이은 지마왕 시절. 신라는 자연재해로 어려움에 처했어. 115년 2월, 가야는 신라가 어수선한 틈을 타 신라의 남경을 공격해 재물과 식량을 빼앗았지.

지마왕도 가만있지 않고 그해 7월 가야를 공격했지만 황산하(낙동강 하류 양산)에서 크게 패했어. 116년 지마왕은 군사 1만 명으로 가야를 다시 공격했지만 성공하지 못했지.

신라가 자꾸 공격해 오자 가야는 다른 작전을 썼어. 왜를 시켜 신라를 괴롭히라고 한 거야."

"왜는 자기 나라 일도 아닌데 왜 가야의 말을 들어요?"

"왜는 가야로부터 철을 비롯한 많은 물자를 수입하고 있어서 가야의 말을 무시할 수 없었지. 왜가 신라의 해안 지역을 수시로 공격하자 지마왕은 어쩔 줄 몰랐어. 신라의 동쪽을 타고 흐르는 동해 어디서 왜가 나타날지 알 수가 없으니 대비할 방법이 없었지. 왜가 얼마나 집요하게 공격을 했는지 신라 사람들은 왜의 군대가 나타났다는 말만 들어도 보따리를 싸서 도망갈 지경이었어. 결국 지마왕은 자존심을 버리고 먼저 왜에 사신을 보내 전쟁을 하지 말자고 애걸해 겨우 침략을 막았어."

아이들은 이 대목에서 어떤 입장이 되어야 할지 고민했다.

"밉쌀맞은 신라가 당하는 건 통쾌한데. 왜 군이 우리 민족을 공격한 걸 가지고 좋아해야

말 탄 무사 모양 토기
왜는 철뿐만 아니라 독특하고 아름다우며 굉장히 단단한 가야 토기를 필요로 했어.

하는 건지 잘 모르겠네."

"신라가 당나라를 끌어들인 것 가지고 뭐라 그럴 게 아닌 것 같기도 하고."

"당시는 상대방을 무너뜨리기 위해서 무슨 짓이라도 할 때였어. 그렇지 않으면 자기가 망할 테니까. 아무튼 신라의 기세가 꺾이면서 두 나라의 국경은 잠시 조용해졌지. 그런데 가야에도 위기의 시간이 다가오고 있었어."

빡쌤이 무서운 표정으로 말하자 아이들은 겁이 나서 몸을 움츠렸다. 마리는 귀를 막았고, 은지는 눈을 질끈 감았다.

"쌤, 그만해요. 무서워요."

서서히 다가오는 위기의 그림자

"금관가야를 가야 연맹의 중심으로 자리매김하고 삼한의 강자로 군림하게 한 수로왕이 죽었어. 왕비인 허황후는 그보다 10년 일찍 죽었지. 수로왕의 뒤를 이어 거등왕이 왕위에 올랐어.

강력한 힘으로 가야를 이끌던 수로왕이 죽자, 그의 위세에 움츠리고 있던 다른 가야의 나라들이 일어서기 시작했어. 금관가야가 모든 교역권을 독차지하는 것을 더 이상 참고 있지 않겠다는 거였지.

마침내 금관가야를 뺀 여덟 개 지역이 손잡고 금관가야를 공격했어. 이 여덟 나라를 포상팔국이라고 해. 포상팔국이란 배가 드나들 수 있는 포구에 있는 여덟 개 나라란 뜻이야.

여덟 나라의 이름이 다 전해지진 않지만, 골포국(지금의 창원 또는 마산), 칠포국(지금의 함안), 고사포국(지금의 진해 또는 고성), 사물국(지금의 사천)

등이 있었어. 모두 바닷가를 통해 교역이 가능한 지역에 위치해 있었는데, 그동안 금관가야(가락국)가 교역을 독점해 손해를 보고 있었지.

다급해진 거등왕은 신라 내해왕에게 구원을 요청했어. 내해왕은 우로 태자와 이벌찬 이음이 이끄는 신라군을 가야로 보내 포상팔국의 장군들을 죽이고 그들이 잡아간 금관가야의 6,000명 포로를 가야로 돌려보냈어. 그리고 군사적 원조를 해 준 대가로 금관가야의 왕자를 볼모로 데려갔고.

위기는 여기서 끝나지 않았어. 금관가야를 완전히 절망적 상황으로 몰고 갈 위기의 그림자가 저 먼 북쪽으로부터 서서히 내려오고 있었지."

가야, 가야 할 곳을 잃다

"포상팔국의 난이 일어나고 100여 년이 지난 313년과 314년, 한반도 중북부 지역에서 엄청난 일이 벌어진단다. 고구려의 제15대 왕인 미천왕이 한나라가 고조선을 멸망시키고 그 땅에 세운 낙랑군과 대방군을 공격해 무너뜨린 거야."

빡쌤의 말에 아이들이 동시에 벌떡 일어나 만세를 불렀다.

"고구려 만세."

"경사 났네, 경사 났어."

파래는 어깨를 들썩이며 춤까지 추었다.

"쌤, 그건 좋은 일이지 위기가 아니잖아요?"

은지의 질문에 빡쌤은 고개를 저었다.

"우리 민족에겐 경사가 아닐 수 없지. 그러나 이 상황을 기쁘게 받아들일

수 없는 나라가 있었어. 바로 가야야."

"왜요?"

의아해진 아이들이 동시에 물었다.

"금관가야는 바다를 통해 낙랑군과 대방군으로 가서 철을 팔고, 중국 물건을 가져다 왜와 내륙의 여러 나라에 되팔아 큰 이익을 얻으며 성장했잖아? 그런데 그곳이 모두 고구려의 땅이 되니 교역할 통로가 갑자기 사라져 버린 거야. 나라를 발전시킨 가장 큰 동력을 잃은 거지. 경제적 타격은 서서히 가야의 힘을 갉아먹기 시작해. 그러다 90여 년 뒤 또 다른 사건이 터져 금관가야를 돌이킬 수 없는 구렁텅이로 몰아넣게 된단다."

삼국의 틈바구니에 낀 가야

"낙랑군과 대방군을 점령하는 등 영토 확장에 박차를 가하던 고구려는 암초를 만나게 돼. 바로 백제의 전성기를 이룬 근초고왕의 등장이야.

근초고왕은 북으로 고구려를 공격해 고국원왕을 전사시키고, 남으로는 마한 전 지역을 통합해. 이 사건은 주변 지역을 점령하며 성장하던 고구려, 백제, 신라가 이제 국경을 맞대고 본격적인 대결을 시작했음을 의미해.

건국 이후 대부분 신라와만 맞서던 가야는 이제 서쪽 경계인 섬진강 너머의 백제로부터 위협을 당하게 되지. 낙랑군, 대방군을 퇴출시켜 본의 아니게 가야의 교역로를 막아 버린 고구려는 백제와 경쟁하며 한반도의 동남쪽으로 눈을 돌리게 돼. 동쪽에서는 신라, 서쪽에서는 백제, 북쪽에서는 고구려가 가야를 옥죄어 오기 시작한 거야.

이제 삼국과 가야가 직접 맞서지 않도록 중간에서 완충 작용을 하던 소국들은 모두 삼국에 흡수되고, 삼국과 가야는 서로 국경을 맞대고 한치도 물러설 수 없는 대결을 펼치기 시작해. 바다 건너 왜도 한반도의 변화에 개입하면서 동북아시아는 폭풍 전야 같은 분위기가 조성되었어.

전쟁의 서막은 백제에서 시작되었어. 백제 근초고왕은 신라 내물왕에게 왜와 국교를 맺고 싶으니 눈감아 달라고 요청했어.

가야가 왜를 부추겨 신라를 공격하게 한 일 기억나지? 그래서 신라 사람들이 왜라면 치를 떨었다는 것도. 백제가 신라의 원수인 왜와 손을 잡겠다고 하니 신라는 굉장히 언짢은 상황이었지.

이렇게 감정이 상한 상태에서 백제의 독산성 성주가 백성 300명을 이끌고 신라에 항복하는 일이 벌어져. 백제 근초고왕은 당장 배신자를 돌려보내라고 신라 내물왕을 다그쳤지. 그러나 내물왕이 단칼에 거절하면서 백제와 신라는 관계가 완전히 틀어져 버려. 백제는 신라와 관계를 끊고 왜와 손을 잡았어.

그렇게 20여 년이 지날 무렵, 삼국에는 한민족 역사에서 가장 강력한 왕인 광개토 대왕이 등장해. 적극적으로 대륙을 향해 영토를 넓혀 가던 광개토 대왕은 할아버지 고국원왕을 죽인 백제를 응징하기 위해 신라에 동맹을 제안해.

관계가 소원해졌다고는 하지만 100년 이상 동맹이었던 신라와 백제가 다시 손을 잡는다면 고구려는 뒤에 칼을 든 원수를 둔 채 대륙의 세력과 싸우는 상황이 될 수 있었거든.

신라 내물왕은 강대국 고구려의 손을 덥석 잡았어. 신라 역시 언제 왜군이 공격할지 몰라 불안에 떨고 있는 상황이었지. 게다가 왜와 손잡은 백제도 이젠 동맹이 아니었고 말이야.

남쪽에 든든한 동맹국을 만든 고구려는 당장 백제를 공격해 성 10개를 빼

앗고, 곧이어 백제의 북방 요새인 관미성도 빼앗았어.

금관가야, 가야의 중심에서 물러나다

이 무렵 왕위에 오른 백제 아신왕은 잃어버린 관미성을 되찾기 위해 줄기차게 고구려를 공격해. 결국 참지 못한 광개토 대왕은 직접 전쟁에 나서 한성까지 밀고 들어갔어. 결국 아신왕은 광개토 대왕 앞에 무릎 꿇고 항복하는 치욕을 당하지.

그렇게 당했지만 그럴수록 아신왕의 복수심은 활활 불타올랐고 원수 고구려에 빌붙은 신라를 공격할 결심을 하지. 백제 아신왕은 왜와 가야에 사신을 보내 신라를 정복하고 그 기세로 고구려까지 치자고 설득했어.

신라의 공격에 시달리던 가야의 이시품왕에게는 귀가 솔깃해지는 제안이었어. 물론 전쟁이 실패할 경우 생길 수 있는 문제를 모르진 않았겠지만, 신라의 팽창에 계속 움츠러들 수만은 없었지.

백제·가야·왜 동맹군은 물밀듯이 신라로 공격해 들어갔어. 당시 신라는 앞서 여러 차례 받은 왜의 공격과 메뚜기 떼의 습격, 가뭄으로 인해 나라 꼴이 말이 아니었지. 신라는 변변한 방어도 하지 못하고, 백제·가야·왜 동맹군의 말발굽에 짓밟혔어. 급기야 도성인 서라벌마저 무너질 위기에 몰렸지. 이에 내물왕은 고구려에 급히 구원을 요청했어.

광개토 대왕은 군사 5만 명을 신라로 보냈어. 사태가 심상치 않게 돌아가자 아신왕은 뒤로 물러나 견고한 방어 자세로 들어갔어. 고구려 군은 가야와 왜를 뒤쫓기 시작했어. 왜는 황급히 바다를 건너 달아나 버렸지. 고구려 군은

가야의 땅을 마구 휩쓸고 다녔어. 혼란스러운 상황에서 신라는 '기회는 이때다!' 하며 가야의 여러 지역을 자기 땅으로 만들었어. 가야는 고구려 군의 공격으로 엄청난 피해를 입었지.

교역로를 잃고 약해져 가던 금관가야는 고구려에 짓밟히고 신라에 바닷가 중요 지역을 빼앗기며 완전히 힘을 잃었어. 교역로가 살아 있다면 그걸 지지대 삼아 다시 일어서겠지만 그마저 사라진 금관가야는 이제 다른 나라의 선택에 자신의 운명을 맡기는 신세가 되었지.

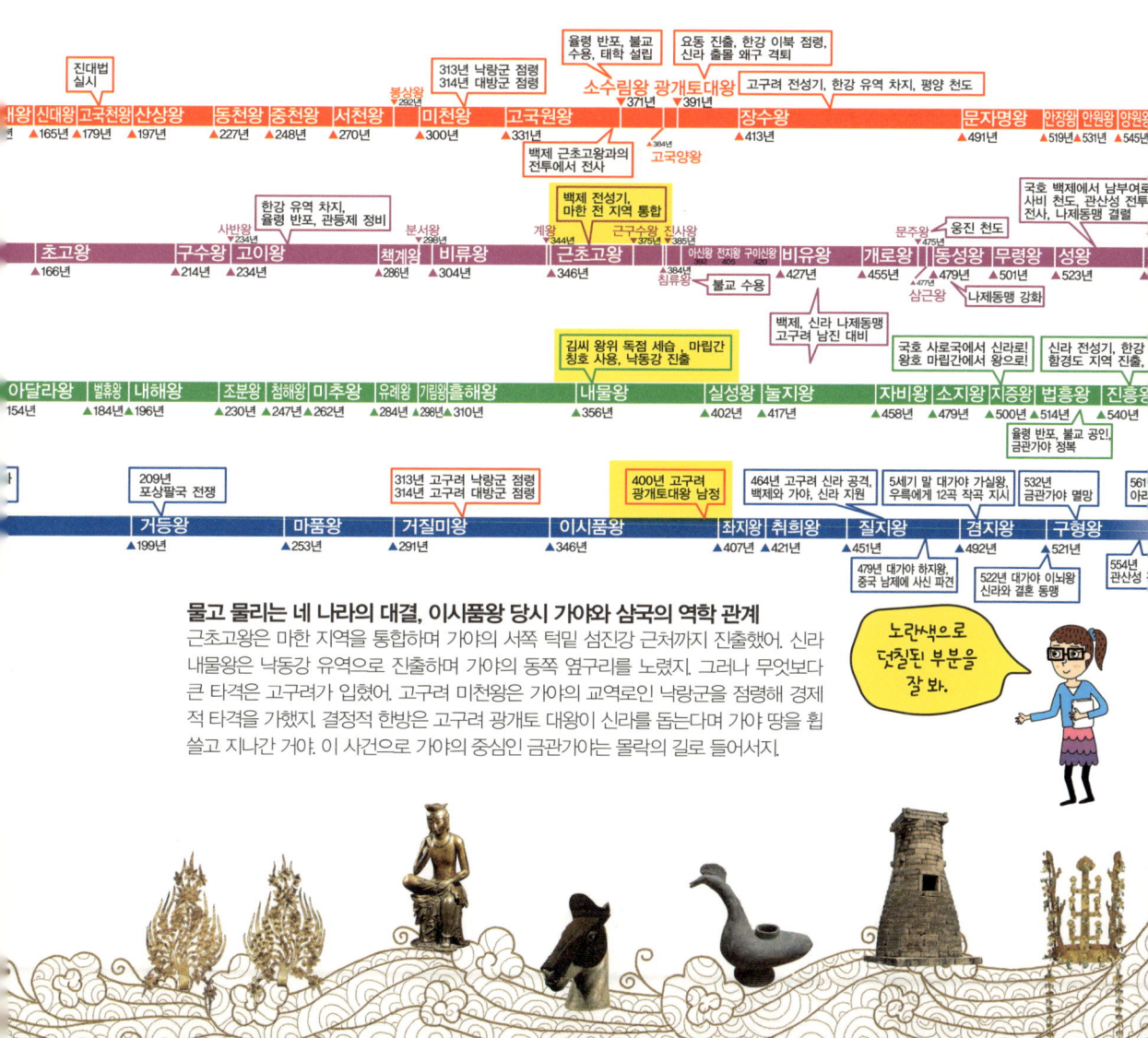

물고 물리는 네 나라의 대결, 이시품왕 당시 가야와 삼국의 역학 관계

근초고왕은 마한 지역을 통합하며 가야의 서쪽 턱밑 섬진강 근처까지 진출했어. 신라 내물왕은 낙동강 유역으로 진출하며 가야의 동쪽 옆구리를 노렸지. 그러나 무엇보다 큰 타격은 고구려가 입혔어. 고구려 미천왕은 가야의 교역로인 낙랑군을 점령해 경제적 타격을 가했지. 결정적 한방은 고구려 광개토 대왕이 신라를 돕는다며 가야 땅을 휩쓸고 지나간 거야. 이 사건으로 가야의 중심인 금관가야는 몰락의 길로 들어서지.

가야 연맹의 중심이 된 대가야

"금관가야가 힘을 잃자 한동안 가야는 혼란스러운 상황이 계속되었어. 그러다 고구려의 공격으로 심각한 상처를 입은 바닷가 나라가 아닌, 피해를 덜 받은 내륙, 즉 가야의 북쪽 지역에 있는 나라가 가야의 중심으로 섰지. 바로 경상남도 바로 위 경상북도 남서부의 고령에 자리 잡은 대가야(가라국)였어.

우리가 보통 알고 있는 가야의 건국 신화는 김수로왕 이야기야. 그런데 또 다른 건국 신화가 있어. 바로 대가야의 건국 신화지. 《동국여지승람》에 실린 최치원이 쓴 〈석이정전〉에 그 내용이 나온단다.

옛날 가야산의 신 정견모주와 하늘의 신 이비가지 사이에 아들 둘이 태어났어. 첫째 아들 뇌질주일은 대가야 왕이 되었고, 둘째 아들 뇌질청예는 금관가야 왕이 되었어. 대가야 왕 뇌질주일은 이진아시왕의 또 다른 이름이고, 금관가야 왕 뇌질청예는 수로왕의 또 다른 이름이야.

이 신화에서 말하고자 하는 것은, 금관가야 수로왕이 대가야 이진아시왕과 형제 사이라는 점이지. 들도 보도 못한 나라가 갑자기 우두머리가 된 게 아니고 금관가야와 뿌리가 같다는 거야. 따라서 대가야가 가야 여러 나라를 이

> **대가야**
>
> 〈가락국기〉에는 금관가야가 대가야라고 나와. 이는 가야 연맹 전기에는 금관가야가 가야 연맹을 주도적으로 가야를 이끌었기 때문이야. 《삼국사기》를 보면 고령 지역을 중심으로 한 가야국이 대가야라고 나오는데, 이것은 금관가야의 세력이 약해진 뒤 고령 지역을 중심으로 한 가야국이 가야 연맹을 이끌었기 때문이야. 이 책에서는 고령 지역 가야를 대가야라고 부르기로 하자.

끄는 게 정당하다고 말한 것이지. 그러면서도 사실 대가야가 금관가야보다 손위라는 것을 말함으로써 자신들의 우월성을 강조하고 있어."

"금관가야의 건국 신화에서도 김수로가 맏형이니 가야 여러 나라의 우두머리가 된 게 당연하다고 한 것과 비슷하네요."

집에서 맏딸로서 두 동생을 잘 이끄는 시루가 말했다.

"단군 신화랑도 비슷한데? 하늘에서 온 세력과 원래부터 그 땅에 있던 세력이 합쳐 나라를 세운 것 말이야."

파래도 아는 척을 했다.

"그럼 대가야도 우수한 철기 문화를 가진 세력이 고령 지역으로 와서 토착 세력과 합쳐서 나라를 세웠다는 거네요?"

은지가 똑부러지게 상황을 정리했다.

"딩동댕!"

빡쌤은 볼펜으로 종 대신 양은그릇을 두드렸다.

대가야 발전의 원천

"대가야가 세워진 고령 지역은 동쪽으로는 낙동강이 흐르고, 중앙으로는 낙동강의 가장 큰 지류인 회천이 흘러. 이외에도 크고 작은 하천들이 많아 수량이 풍부하지. 물이 풍부해 넓고 비옥한 평야 지대가 만들어졌어. 여기서 많은 농산물이 생산되었지. 높은 농업 생산력이 대가야 발전의 원동력이란다.

하지만 좋은 자연환경이 있다고 하더라도 농사를 지을 인간의 힘이 없다면 아무 의미가 없어. 청동기 시대에는 신석기 시대처럼 돌로 만든 농기구를 썼

어. 삼국 시대에 이르러서는 철로 만든 농기구를 쓰면서 농업 생산력이 눈부시게 발전했지. 대가야의 농업이 발전했다면 그건 대가야에서 철제 농기구가 사용되었다는 말이야. 또 가장 중요한 무기뿐만 아니라 농기구도 철로 만들었다는 것은, 철이 많이 생산되었고 그것을 다룰 기술도 있었다는 것이지.

앞서 이야기했지만 금관가야는 철광석도 많고 기술자도 있는데 이전처럼 많은 나라에 철을 팔 교역로가 막혀 버렸어. 이런 상황에서 금관가야의 기술자들이 대가야로 흘러들었단다. 금관가야의 기술자들이 대가야로 갔다면, 대가야가 철기 강국이 되기 위한 또 다른 조건에는 어떤 것들이 있을까? 바로 김해 지역처럼 철광석이 많이 나야 하지 않을까?"

야로, 불뫼골, 쇠똥섬의 정체

"야로와 불뫼골은 고령군에 있는 마을 이름이고, 쇠똥섬은 함안군에 있는 마을 이름이야."

"쌤, 마을 이름이 정말 이상해요."

"좀 지저분하기도 하고."

아이들은 어디서 똥 냄새라도 나는 것처럼 코를 막았다.

"하하하, 특이하지? 그런데 이 이름들엔 중요한 역사적 의미가 담겨 있어. 철을 제련하려면 용광로가 있어야 하는데 용광로의 온도를 높이기 위해서 풀무를 사용해. 또 철광석에 철을 뽑아 내고 남은 찌꺼기를 쇠똥(슬래그)이라고 해."

"아하, 철을 만드는 곳이었군요."

은지가 손뼉을 쳤다.

"맞아. 불뭣골은 불로 무엇인가 하는 산이 있는 마을이란 뜻이야. 야로는 풀무(불을 피울 때 바람을 일으키는 기구)란 뜻도 있고 대장간에서 쇠를 불리는 노를 말하기도 해. 쇠똥은 철을 생산하고 남은 철 찌꺼기를 말하지. 다시 말해 이 세 지역의 이름에는 모두 철을 생산하는 장소란 의미가 담겨 있어. 《세종실록지리지》를 보면 '야로에서 많은 철이 생산되어 1년에 정철* 9,500근을 나라에 바쳤다'고 기록되어 있어."

"9,500근이요?"

아이들은 단위가 익숙치 않아 고개를 갸웃거렸다.

"한 근이 600그램이니까, 600 곱하기 9,500은. 음, 5~6톤 정도 되네요."

은지가 재빨리 암산해서 말하자 아이들은 입이 쩍 벌어졌다. 이번엔 은지의 암산 실력이 아니라 철의 양 때문이었다.

"우아, 굉장해."

"이곳에서 쇠똥이 많이 발견되고 지역 이름이 철을 만드는 것과 관계있는 만큼 이곳이 대가야의 철 생산지일 가능성이 높아.

대가야는 이렇게 질 좋은 철을 생산해 다른 나라에 팔아 이익을 얻었어. 그 철로 튼튼한 농기구를 만들어 농업 생산력도 높이고, 강력한 무기도 만들었어. 이렇게 부강해진 대가야는 가야 연맹의 중심이 되었지."

*정철
불순물 없이 잘 뽑아낸 철

개성이 철철, 예쁨이 반짝, 가야의 토기

"철을 만들 때처럼 불을 잘 다뤄야 하는 일이 있어. 그게 뭘까?"

"숯불구이 갈비요."

빡쌤의 질문이 나오자마자 1초도 안 걸려 마토의 대답이 나왔다.

"하하, 마토가 슬슬 배가 고픈가 보구나. 하긴 갈비도 불 조절을 잘 해야 하지. 그런데 내가 말하고자 하는 건 토기야.

가야의 토기는 높은 온도에서 구워 단단하고 얇으며 가볍고 물도 스며나지 않아. 불과 함께 좋은 토기를 만들기 위한 조건은 당연히 흙이지. 토기란 흙으로 만든 그릇이니까. 대가야가 있던 지역에서는 곱고 질이 좋은 흙이 많이 나왔어.

가야 도공들은 질 좋은 흙을 잘 개어서 자신들이 가진 미적 감각을 마음껏 발휘했지. 불과 흙과 사람. 어느 하나 모자라지 않는 최상의 조합이 만들어 낸 작품이 바로 가야 토기야.

가야 토기는 삼국과 왜 등 주변 여러 나라의 토기를 통틀어 가장 독특하면서도 조형미가 뛰어나. 부드러우면서도 거침없이 흘러가는 곡선의 미는 따라올 토기가 없지. 일본의 스에키 토기도 가야 토기 도공이 왜로 가서 만든 거야.

가야 토기는 아름다울 뿐만 아니라 아주 독특하고 흥미로워. 고분에서 발굴된 껴묻거리 가운데는 여러 가지 형상을 따온 상형 토기들이 많아. 오리 모양, 배 모양, 집 모양, 신발 모양 등 가지각색이야.

새 모양 토기
고대 사람들은 새가 죽은 자의 영혼을 천상으로 인도한다고 믿었어. 가야 무덤에서 발견된 새 모양 토기도 이런 의미가 담겨 있을 거야.

대성동 고분군에서 출토된 가야의 토기
김해 대성동 고분군에서 다양한 모양의 가야 토기가 출토되었어. 하나로 통일된 신라의 토기와는 달리 가야의 토기는 지역마다 모양이 조금씩 달랐다고 해. 아마도 가야는 여러 나라가 연합된 연맹 왕국이라 그랬을지도 몰라.

여기서 오리나 배 모양 토기는 죽은 자가 저세상으로 편히 가라는 기원이 담긴 거야. 오리, 즉 새는 하늘의 세상과 땅의 세상을 연결시켜 주는 상징이지. 배 역시 두 세상을 가르는 경계를 잘 넘어가라는 것이고. 집이나 신발은 죽은 자가 무덤에서도 살아생전처럼 지내라는 의미로 넣은 것이란다.

가야의 상형 토기와 비슷한 것이 신라에서도 발견되었지. 하지만 가야 토기에 비해 부드러움이 덜하고 딱딱한 느낌이야. 신라와 가야 토기는 서로 다른데 낙동강 동쪽에서는 신라 양식 토기가, 낙동강 서쪽에서는 가야 양식 토기가 발굴되었지. 이는 당시 신라와 가야의 힘이 미치던 지역을 뚜렷하게 구분해 보여 주고 있어.

마찬가지로 가야 지역 안에서도 가야 여러 나라의 토기가 조금씩 다른 모습을 하고 있어서 발굴되는 토기를 보면 그 지역이 어떤 나라의 영역이었는지 알 수 있어. 4세기에는 김해 금관가야 양식과 함안 아라가야 양식이 넓게

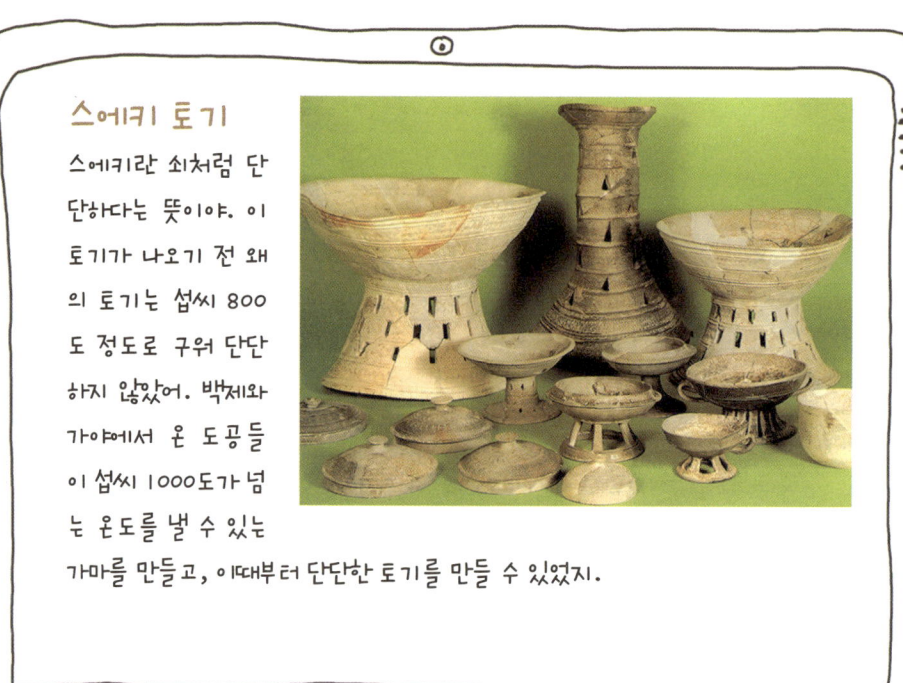

스에키 토기

스에키란 쇠처럼 단단하다는 뜻이야. 이 토기가 나오기 전 왜의 토기는 섭씨 800도 정도로 구워 단단하지 않았어. 백제와 가야에서 온 도공들이 섭씨 1000도가 넘는 온도를 낼 수 있는 가마를 만들고, 이때부터 단단한 토기를 만들 수 있었지.

퍼져 있고, 5세기에는 고령 대가야 양식, 아라가야 양식, 고성 소가야 양식이 넓은 지역에서 발굴되었어.

4세기라면 금관가야가 전기 가야 연맹의 중심 국가로 힘을 발휘하던 때이고, 5세기라면 대가야가 후기 가야 연맹의 중심이 되었던 시기이지. 토기만 봐도 어떤 나라가 어떤 시기에 발전했는지 알 수 있으니 참 신기하지?"

음악을 통해 통합을 꾀하다

"토기가 가야의 미술 수준을 보여 주는 것이었다면, 음악은 어떨까? 가야

하면 가장 먼저 떠오르는 게 있지. 바로 우리나라의 대표적 전통 악기인 가야금이야. 문화적으로 융성한 나라들의 특징을 보면 다른 나라와 교류가 활발했다는 공통점이 있어. 문화라는 것은 열린 마음으로 서로 주고받으면서 발전하는 것이거든. 중국, 왜, 한반도의 다른 나라와 활발하게 교류한 가야의 높은 문화 수준은 가야금을 만든 것만 봐도 알 수 있지.

그런데 가야금은 누가 만든 것일까? 《삼국사기》에 따르면, 가야금은 대가야의 가실왕이 만들었다고 해. 가실왕은 우륵에게 가야금 12곡을 작곡하라고 했어. 여기서 눈여겨볼 만한 게 있어. 가야금은 12줄로 되어 있고 거기에 맞춰 12곡을 작곡하라니 12라는 숫자가 묘하게 겹치잖아?

가야금의 12줄은 가야의 열두 나라를 의미해. 그 가야금으로 12곡을 연주한다는 것은 열두 나라가 가야금 12줄이 어우러지듯이 서로 힘을 합치자는 뜻을 담고 있지.

가야금
이름에서 알 수 있듯이 가야에서 처음 만든 현악기야. 우륵은 가야금을 12줄로 만들었는데, 여기서 12는 가야의 열두 나라를 가리킨다고 해.

여기서 우리는 두 가지를 알 수 있어. 첫 번째는 대가야가 가야의 다른 나라들에 강한 영향력을 미치고 있었다는 거야. 그렇지 않고서야 다른 나라들에게 통합을 요구할 수 없었겠지. 두 번째는 혼자서는 감당할 수 없는 외부의 세력이 있었다는 거야.

대가야 가실왕이 우륵에게 가야금 12곡을 작곡하라고 명한 5세기 말, 힘을 합쳐야만 살아남을 수 있는 절박한 상황이 가야에서 펼쳐지고 있었어.

가야, 적으로 적을 막으려 하다

"가야는 처음엔 백제와 사이가 나쁘지 않았어. 특히 고구려가 낙랑군과 대방군을 멸망시킨 뒤 중국의 문물을 받아들일 길이 막히자 가야는 오래 전부터 중국과 교역해 온 백제가 필요했지.

그래서 백제가 하는 일에 함께하는 경우가 많았어. 특히 464년 고구려가 신라를 공격하자 백제와 함께 전쟁에 나가 고구려 군을 물리쳤어. 가야는 자기 땅을 야금야금 갉아먹는 신라가 싫었지만 백제가 하는 일을 모른 척할 입장이 아니었지. 고구려가 남쪽으로 자꾸 영토를 넓혀 오는 걸 보고만 있다가는 언젠가 가야도 위험해질지 모른다는 생각도 했을 거야.

앞에 나온 213쪽 연표를 다시 한번 봐 봐. 기록이 거의 남아 있지 않은 가야를 이해하려면 주변 나라들의 움직임을 잘 살펴봐야 하거든. 464년이면 고구려 최전성기인 장수왕 때야. 장수왕은 한반도 남쪽을 차지하려고 신라와 백제를 수시로 공격했지. 그걸 막기 위해서 서로 으르렁거리던 백제와 신라가 손을 잡았고 가야도 힘을 보태는 게 나라의 이익에 맞아.

그러다 488년 백제 동성왕은 가야의 영토인 섬진강 너머를 강제로 차지해. 이 일로 백제와 가야는 사이가 아주 나빠지지. 가야는 백제를 멀리하고 신라를 가까이하게 돼. 신라는 백제로부터 가야를 지켜 준다며 백제와 국경을 맞댄 가야 서쪽 지역에 자기 백성들을 이주시켜 살도록 해. 이것은 신라가 가야 땅을 맘대로 지나다닐 수 있는 구실이 되지. 그러나 길을 내주는 대신 백제를 견제하는 세력을 얻는 것이므로 가야는 이를 받아들여. 가야는 496년에는 꼬리가 다섯 자나 되고 털이 하얀 귀한 꿩을 신라에 선물한단다. 관계를 잘 유지하자는 것이지.

대가야 가실왕이 가야금을 만들고 우륵에게 12곡을 작곡하게 함으로써 12개로 독립되어 있던 가야의 나라들을 합치려 한 때가 바로 이 무렵이야. 신라와 손을 잡긴 하지만 독립된 나라들로 이뤄진 가야는 영토를 넓히려는 고구려, 백제, 신라를 당해낼 수 없다는 것을 알고 통합하려 한 거야.

그러나 스스로 힘으로 가야를 지키려던 가실왕이 뜻을 이루지 못하고 죽었어. 뒤를 이은 대가야 이뇌왕은 신라에 청혼을 해서 신라 왕족인 이찬 비조부의 누이와 혼인을 했어. 결혼으로 동맹을 강화한 거지.

그러나 신라는 가야를 도울 생각이 눈꼽만큼도 없었어. 다만 손을 잡는 시늉만 해서 가야와 백제가 서로 등지게 하고 기회를 봐서 가야 땅을 빼앗을 생각이었어. 가야 땅에 신라 사람들을 이주시킨 의도도 바로 그거야."

신라의 검은 속마음

"결혼 동맹이 맺어진 지 얼마 되지 않아 신라의 속셈이 잘 드러나는 일이 벌어져. 신라 법흥왕은 신라의 남쪽 변경을 둘러본다는 명목으로 금관가야로 갔어. 그리고 금관가야 구형왕을 만나 나라를 합치자고 하지. 금관가야의 기득권을 인정하고 귀하게 대접해 주겠다고 꼬드기면서 말이야. 가야의 세력을 뿔뿔이 흩어 놓으려는 속셈이었던 거지. 그러니 결혼 동맹 같은 건 사실 아무 의미도 없었어.

신라의 속내는 얼마 지나지 않아 현실로 드러나지. 가야로 시집간 비조부의 딸은 혼인을 하고 나서도 가야 의복을 입지 않고 신라 옷을 고집했어. 심지어 시종들도 모두 신라 옷을 입게 했지. 가야의 왕비라면 나라를 대표하는

사람인데 신라 옷을 입고 돌아다니니 왕실 입장에선 여간 난처한 일이 아니었어. 시종까지 신라 옷을 고집한다는 건 가야 왕실을 무시하는 것과 다름없었거든. 예를 들어, 왜에서 가야 왕실에 시집온 왕비가 일본 옷을 입고 다닌다고 생각해 봐.

조정에선 가야 옷을 입으라고 여러 번 요구했지만 듣지 않았어. 결국 화가 난 이뇌왕은 왕비의 시종들을 모두 신라로 돌려보내. 그러자 법흥왕은 화를 내며 비조부의 딸도 보내라 하지만 이미 가야의 왕비가 된 사람을 돌려보낼 리가 없지. 신라는 이것을 빌미로 결혼 동맹을 깨 버리고 가야를 공격해 낙동강 유역에 있는 가야의 여덟 개의 성을 빼앗아 버려.

그동안 영토를 넓히려는 삼국으로부터 나라를 지키기 위해 가야는 외교적 방법을 동원했어. 즉, 삼국의 상황에 따라 백제, 신라와 번갈아 손을 잡으며 어려움을 이겨 나가려 한 거야. 그러나 스스로의 힘이 아닌 다른 나라에 의지해 나라를 지키는 것은 사실상 불가능한 일이었지.

이런 까닭에 대가야 가실왕은 가야의 여러 나라를 통합하고 힘을 중앙으로 집중해 강한 나라를 만들려고 애썼던 거야. 그런데 삼국의 역사만 봐도 알겠지만 권력을 한 성씨로 모으는 것은 시간도 많이 걸리고 아주 힘든 일이야. 가야가 통합의 필요성을 깨닫고 이를 이루기엔 시간이 너무 없었어.

이렇게 급박한 상황에서 532년 신라의 압력을 더 이상 견디지 못한 금관가야 구형왕이 신라에 항복하고 말아. 가야 역사의 시작이자 전기 가야 연맹을 이끈 수로왕의 금관가야가 멸망한 거지."

가야, 역사의 뒤안길로 사라지다

"고구려의 공격으로 어려움에 처한 백제 성왕은 신라, 가야, 왜 등과 동맹을 맺어 고구려를 공격할 계획을 세웠어.

551년엔 백제·신라·가야 연합군이 고구려 평양 근처까지 밀고 올라가는 큰 승리를 거두지. 그리고 잃어버렸던 한강 유역을 신라와 함께 차지하게 돼.

그런데 북쪽에서 쳐들어온 돌궐을 정리한 고구려는 무서운 기세로 반격을 해 왔어. 이때 신라는 마음을 바꿔 고구려와 손을 잡고 백제를 공격해서 백제가 차지한 한강 이북 백제 땅을 모조리 차지해 버렸어.

이렇게 복잡하게 한반도 상황이 돌아갈 무렵, 가야 통합을 위해 음악을 작곡했던 대가야 악사 우륵이 가야금을 들고 신라로 투항해. 우륵은 가야가 힘을 합쳐 강한 나라로 서길 바라는 마음으로 음악을 만든 사람이잖아. 그런 그가 신라 쪽으로 돌아선 것은 당시 가야 사람들이 자기 나라에 대한 희망을 버리기 시작했다는 증거야.

신라에 대한 복수를 다짐한 성왕은 왜와 가야를 끌어들였어. 가야 입장에서는 백제에 휘둘리는 꼴이었지만 백제의 손을 뿌리칠 수 없었어. 당시 진흥왕의 영토 확장으로 심각한 위기에 처해 있었거든. 백제와 손잡고 신라를 막지 않으면 살아남기 힘든 상황이었지.

백제·가야·왜 연합군은 물밀 듯이 신라로 쳐들어가 관산성에서 전투를 벌였는데 연합군이 승리를 눈앞에 두고 있었어. 그런데 연합군의 힘을 북돋아 주기 위해 오던 백제 성왕이 숨어 있던 신라군에 잡혀 그 자리에서 전사했지. 전쟁의 중심인 성왕이 죽자 연합군은 싸울 의지를 잃었어. 이 순간을 놓치지 않고 신라는 대대적인 반격을 퍼붓지.

결국 백제군 3만 명이 죽는 엄청난 피해를 입었어. 가야의 피해가 얼마나 컸는지 기록엔 없지만 백제에 못지 않았을 거야. 신라가 백제군만 죽이고 가야군은 내버려 두었을 리 없으니 말이야.

이 전투로 가야는 완전히 힘을 잃고, 가야의 여러 나라들은 하나하나 신라에 정복당해. 후기 가야 연맹에서 가장 강했던 두 나라도 멸망의 길로 들어섰어. 561년엔 아라가야가, 562년엔 대가야가 신라에 의해 멸망하지. 이로써 520년 동안 경상남도 지역에서 번성해 온 가야는 역사의 뒤안길로 사라지게 되지."

숨 가쁘게 달려온 가야 이야기가 끝나자 아이들은 긴 한숨을 내쉬었다. 그러고는 가야에 대한 자신의 생각을 한마디씩 나눴다.

"가야의 나라들이 하나로 뭉쳤다면 그렇게 쉽게 무너지진 않았을 텐데."

"나라가 망하는 걸 보면 다 똑같은 것 같아. 분열되어 힘을 하나로 모으지 못하는 것 말이야."

"역사를 잘 공부했다면 그런 잘못을 똑같이 저지르지 않았을 텐데."

"공부를 했더라도 자기 욕심을 버리지 못하면 결과는 똑같을 거야."

"그럼 결국 역사는 수레바퀴처럼 돌고 도는 건가?"

수레바퀴 모양 토기
새나 수레바퀴 모양의 토기는 죽은 자가 저승으로 가는 걸 돕는다고 생각해서 무덤에 넣었어. 그러나 이런 껴묻거리는 지배층의 무덤에나 가능한 것이었지. 지배자들이 벌인 정복 전쟁에 할 수 없이 끌려 나간 백성들은 죽어서 무덤은커녕 들판에 버려져 짐승들의 먹이가 되었을 거야.

"역사에서 교훈을 얻은 사람들이 아주 많으면 잘못된 일이 반복되는 걸 막을 수 있지 않을까? 지금은 민주주의 시대니까 역사에 대한 올바른 생각을 가진 사람을 나라의 일꾼으로 뽑으면 욕심 부리다 나라를 망치는 일은 없을 거 아냐."

"아무튼 남아 있는 기록이 많지 않아 가야의 역사를 더 이상 알 수 없다는 건 아쉬워."

빡쌤은 아이들의 말이 다 끝난 뒤 태블릿 컴퓨터에 사진 한 장을 띄웠다.

"이게 뭐 같아?"

"낙타의 등 같아요."

지산동 고분군
경북 고령군 지산동에 있는 대가야 고분군이야. 고분군이란 여러 무덤이 한곳에 모여 있는 걸 가리키지. 고령뿐 아니라 남원, 김해, 함안, 창녕, 고성, 합천 등에 가면 수많은 고분군을 볼 수 있어.

파래가 등을 구부정하게 하고 걸어 다녔다.

"제 눈엔 달걀판 엎어 놓은 거 같은데요?"

마토는 아까 먹고 남은 달걀 껍데기를 만지작거리며 말했다.

"달걀판? 하하하, 오늘은 달걀로 시작해서 달걀로 끝나는구나. 이것은 대가야가 있던 고령군 대가야읍 지산동 주산에 있는 고분들이야."

"이게 모두 고분이라고요?"

"우아, 이게 대체 몇 개야?"

"크고 작은 걸 합쳐 700개가 넘어. 고령에만 그만큼 있고, 경상남도 지역에 퍼져 있는 고분을 합치면 그 수가 어마어마해. 지금 많은 학자가 이곳에서 가야의 역사를 발굴하고 있어. 이곳이 하나하나 열리면서 밝혀지지 않았던 가야의 역사가 우리 눈앞에 펼쳐질 거야."

"야, 기대된다!"

"다음 수업은 신라 이야기야. 너희가 그토록 미워할 정도로 신라가 나쁜 나라였는지 한번 알아보자꾸나."

밑줄 쫙!  은지의 한국사 노트

✿ 삼국 시대 고구려, 백제, 신라와 함께 경쟁하던 경상남도 지역에 있던 나라는, 가야

✿ 금관가야를 세우고 신라를 위협할 정도로 강한 힘을 가졌던 사람은 □□왕이다.
수로

✿ 금관가야는 □□강을 통해 내륙과 바다를 연결하는 교역로를 바탕으로 성장하였다.
낙동

✿ 가야의 성장에 바탕이 된 것은 가야 지역에서 많이 생산되는 □을 가공한 뛰어난 기술이다.
철

✿ 여러 가야를 이끄는 중심이 금관가야에서 대가야로 옮겨간 결정적 계기는 고구려 □□□ □□의 가야 정벌이었다.
광개토 대왕

✿ 대가야 가실왕은 가야를 넘보는 신라와 백제를 막기 위해 우륵을 시켜 가야 여러 나라의 통합을 상징하는 □□□을 만들었다.
가야금

✿ 가야사를 중요하게 생각해야 하는 이유는 보통 신라의 영토로 알고 있던 □□□□지역에서 뛰어난 철기 제작 기술과 아름다운 문화를 자랑하던 나라 가야가 500여 년이 넘게 존재했기 때문이다.
국물남도

삼국을 통일한 최후의 승자, 신라

신라는 사국 가운데 가장 보잘것없게 시작했어. 지도를 보면 신라는 한반도 남쪽 끝 바닷가에 위치해 있어. 육지로나 바다로나 변두리에 있는 거지. 그러다 보니 신라는 다른 나라로부터 다양한 문물을 받아들이기 어려운 상황이었어. 한마디로 촌뜨기였던 셈이야.

그래서 신라는 일찍이 교역을 통해 화려한 문화를 발달시킨 가야에게 무시당하기 일쑤였어. 자기 나라에 문제가 생기면 가야 수로왕에게 쫓아가 해결해 달라고 부탁할 정도였지. 그렇게 약한 나라다 보니 국내 사정도 좋지 않았어.

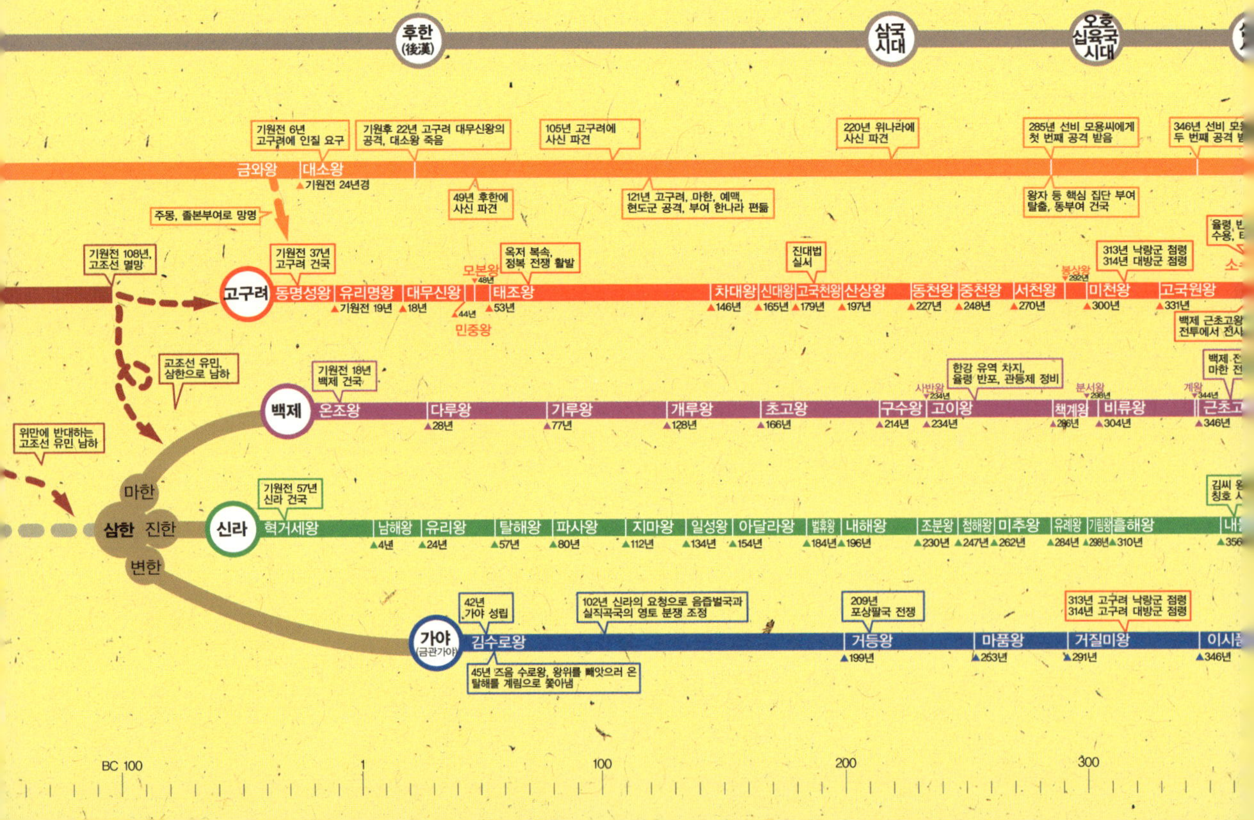

신라는 하나의 성씨로 왕권이 집중되지 못하고 박씨, 석씨, 김씨가 번갈아 가며 왕이 되었어. 즉 세 가지 성씨의 부족들이 권력을 다투는 상태였지. 촌뜨기인 데다가 집안싸움으로 힘이 하나로 모이지 않았던 신라. 그런 신라가 고구려, 백제, 가야와의 다툼 속에서 살아남아 마침내 통일하기에 이른 것은 기적이라고 할 수밖에 없어.

그런데 과연 그것이 기적이었을까? 아니면 우리가 모르는 신라 사람들만의 숨겨진 힘이 있었던 것은 아닐까? 바로 그 비밀을 밝히러 신라로 함께 떠나 보자.

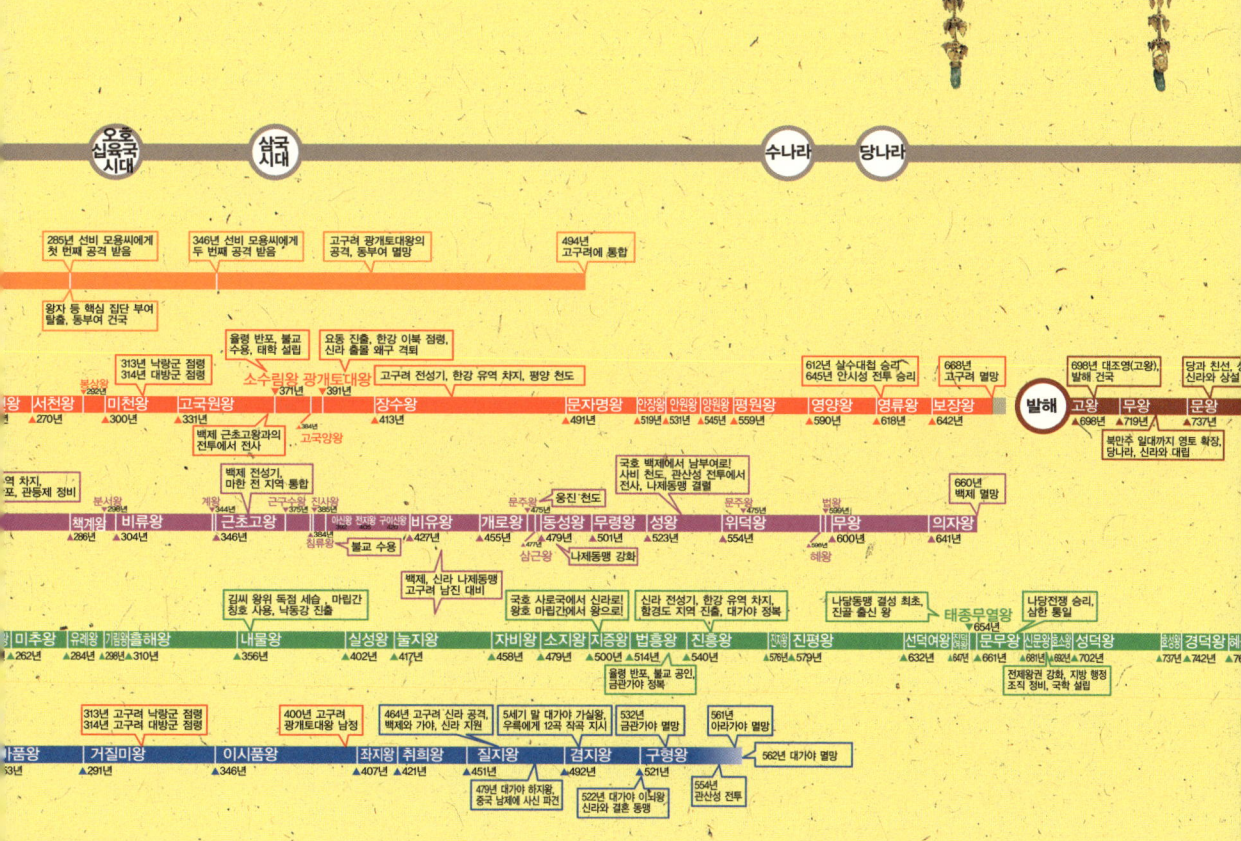

신라 왕자 김파래?

수요일 오후 꿈틀. 한국사 수업을 기다리며 각자 할 일을 하고 있었다.

그때 현관문 밖에서 커다란 노랫소리가 들려왔다.

"하와이는 미국 땅, 대마도는 조선 땅, 독도는 우리 땅!"

현관문이 벌컥 열리고 파래가 들어섰다. 파래는 현관에서 신발을 벗으면서도 노래를 멈추지 않았다.

"러·일 전쟁 직후에, 임자 없는 섬이라고, 억지로 우기면, 정말 곤란해!"

파래는 왼손을 허리에 대고 오른손을 위아래로 움직이며 엉덩이를 좌우로 흔들어 댔다. 파래의 노래 덕에 조용하던 꿈틀이 시끄러워졌다.

"야, 뭐야, 조용히 좀 해."

1학년들의 숙제를 돕던 은지가 이마에 주름을 잔뜩 잡고 파래를 나무랐다. 노래를 멈출 생각이 없던 파래는 더욱 목청을 높였다.

"신라 장군 이사부, 지하에서 웃는다, 독도는 우리 땅, 독도는 우리 땅!"

노래의 후렴구가 나오자 아이들은 이제 노래가 끝나나 싶었다. 그런데 이번엔 디스크 판에 스크래치를 넣는 디제이를 흉내 내며 랩을 했다.

"오, 신라 장군, 요, 이사부, 예, 우하하, 우하하, 웃는다, 예, 지하에서, 오예, 신라 장군, 이사부, 예, 멋쟁이 신라 장군, 오예."

파래의 랩은 시루의 이단 옆차기가 나온 뒤에야 멈췄다. 파래는 옆구리를 잡고 엄살을 부렸다.

"야, 노래도 못 부르냐?"

"누가 못 부른대? 때와 장소를 가려야지. 저기 동생들 공부하는 거 안 보여?"

시루가 얼굴을 꽉 구기자, 파래는 조금은 주눅 든 목소리로 말했다.

"일본 사람들이 우리 땅 독도를 자기 땅이라고 하는 판에 때와 장소가 어딨어? 넌 애국도 모르냐?"

"동생들 공부하는 거 방해하는 게 애국이냐? 진정 나라를 위한다면 공부 열심히 해서 일본의 억지 주장을 확실히 반박할 수 있어야지."

은지가 날카롭게 쏘아붙였다.

"야, 근데 너 왜 자꾸 신라 장군 이사부 타령이야? 배신자 신라라고 치를 떨던 녀석이?"

마토가 주방에서 나오며 말했다. 파래가 마토의 어깨에 손을 턱 얹었다.

"마토야, 아무래도 넌 내 아래인 것 같구나."

"야, 고조선의 8조법에 따라 내가 노비가 된 건 다 없던 일로 되었잖아? 왜 그 얘길 끄집어내?"

마토가 옥수수 하나 먹었다고 노비가 되었던 날을 떠올리며 화를 냈다.

"누가 너더러 노비래? 평민으로 신분이 바뀌었어도 여전히 내 아래라는 거지."

"내가 왜 네 아래야?"

"왜냐하면 말이지."

파래가 엄지과 검지를 기역자로 만들어 턱에 갖다 대며 잠시 뜸을 들이더니 크게 웃으며 소리쳤다.

"우하하하, 내가 바로 왕자이기 때문이지!"

"애가 뭘 잘못 먹었나, 웬 헛소리야?"

파래가 계속 장난을 치자 시루가 벌컥 짜증을 냈다.

"진짜라니까. 너 신라 왕의 성씨가 뭔지 알아? 바로 나랑 같은 김씨라고."

시루가 못 믿겠다는 표정으로 은지에게 물었다.

"은지야, 애 말이 맞아?"

"그런 걸로 알고 있는데."

은지의 대답에 파래가 더욱 기고만장해져서 노래까지 불렀다.

"푸하하하, 그거 보라고. 나는야 신라의 왕자 김파래라네~!"

그때 은지가 파래 앞으로 나서더니 십 원짜리 하나를 내밀었다.

"여기 있는 탑 이름이 뭔 줄 알아? 네가 진짜 신라 왕자라면 이 정도는 알겠지?"

파래는 작은 동전 안에 새겨진 탑 그림을 뚫어져라 보았다.

"뭐긴, 십 원짜리 동전에 그려졌으니 십 원 탑이지."

파래의 말에 시루가 어이없다는 표정을 지었다.

"뭐, 십 원 탑? 야, 그럼 백 원짜리에 새겨진 장군은 백 원 장군이냐?"

"이 탑 이름도 모르면서 네가 무슨 신라 왕자야? 맨날 까불지만 말고 공부 좀 해라, 어휴!"

은지가 고개를 절레절레 흔들었다.

"그 탑이 뭔데 내가 신라 왕자가 아니란 증거야?"

"경주 불국사에 있는 다보탑이잖아. 신라 시대에 만든 탑도 모르면서 무슨 얼어 죽을 신라 왕자냐, 이 바보야!"

시루가 파래의 등판을 세게 치려 하자 파래는 잽싸게 몸을 숙여 시루의 강타를 피했다. 그러고는 양손 검지를 볼에 대고 흔들며 메롱 메롱 시루를 놀렸다. 분노한 시루가 파래에게 돌진하자, 파래는 도망가면서도 '독도는 우리 땅' 노래를 가사를 바꿔서 불렀다.

"그 누가 아무리 왕자 아니라고 말해도, 파래는 왕자님, 왕자님. 신라 장군 이사부 지하에서 웃는다, 파래는 왕자님."

십 원 동전
십 원 동전 앞면에 새겨져 있는 탑을 본 적 있니? 그 탑이 바로 경주 불국사 다보탑이야.

시루와 파래의 쫓고 쫓기는 추격전에 꿈틀은 순식간에 난장판이 되었다.

"이제 그만!"

소동은 빡쌤이 꿈틀에 들어서고서야 겨우 끝났다. 그러나 아이들이 잠잠해진 건 빡쌤의 등장 때문이라기보다는 손에 든 보자기 때문이었다.

"이 녀석들, 삼국이 경쟁하던 한강 유역도 아니고 이게 무슨 난리법석이야?"

"쌤, 이거 뭐예요?"

"또 타조 알인가?"

"야, 모양을 봐. 사각형이잖아. 알이 동그랗지 네모나냐?"

"그렇다면 상자? 상자 안엔 뭐가 들었지?"

"아, 쌤, 한강을 빼앗을 속마음을 숨긴 진흥왕처럼 그러지 말고 뭔지 말해 주세요."

고구려 수업 때 먹은 타조 알의 맛을 잊지 못하는 아이들은 보자기에 뭐가 들었는지 궁금해 미칠 지경이었다.

"이건 오늘 수업을 잘 들은 친구에게 줄 선물이야."

"선물이요? 어떤 선물이요?"

파래가 고개를 갸웃거릴 때 마토는 코를 보자기에 갖다 대고

경주 불국사 다보탑
경주 불국사 대웅전 앞에 자리 잡고 있는 탑이야. 다보탑은 화려한 아름다움을 뽐내는 반면, 맞은편에 있는 석가탑은 단아한 아름다움을 자랑하지.

쿵쿵거렸다.

"아! 이거 먹을 거죠?"

마토는 먹보답게 상자 안에 든 것에서 나는 미세한 냄새가 뭔지 감을 잡았다. 빡쌤은 상자 안 물건이 무엇인지 말을 하려는 마토의 입을 막았다. 마토는 자기만 안다는 것이 재미있는지 실실 웃었다. 아이들이 뭐냐고 졸라도 계속 웃기만 했다. 참지 못한 파래가 크게 외쳤다.

"네 이놈, 어느 안전이라고 꿍꿍이냐? 어서 바른대로 고하지 못할까?"

"참나, 자기가 진짜 왕자인 줄 아나 봐. 이제 그만 좀 하지?"

마토가 콧방귀를 뀌었다.

"왕자라니? 그게 무슨 말이야?"

빡쌤의 질문에 시루가 나섰다.

"아, 글쎄 자기 성이 김씨라고 신라의 왕자래요. 김씨가 신라 왕인 게 맞아요?"

"아, 난 또 무슨 소리라고. 신라 왕의 성씨는 김씨야. 그러니 파래가 그 후손일 수 있지."

"거봐. 쌤이 확인해 주셨으니까 이제 모두들 날 왕자로 모셔."

빡쌤의 말에 힘을 얻은 파래가 한껏 거드름을 피웠다.

"오늘 공부할 나라가 신라인데 마침 신라의 왕자님과 함께하다니 이거 영광인걸?"

금관총 금관
경주 금관총에서 출토된 금관이야. 신라의 화려하고 정교한 세공 기술을 엿볼 수 있어.

빡쌤의 말에 아이들이 동시에 아우성을 쳤다.

"말도 안 돼요. 저 녀석은 다보탑도 모른다고요."

"진짜 신라 왕자인지 아닌지는 공부하다 보면 다 알게 될 거야. 그때까진 그러려니 하자, 알겠지?"

"네!"

아이들은 마지못해 파래의 왕자 놀이를 참아 주기로 했다.

진한의 작은 나라, 신라로 성장하다

마토와 파래를 제외한 나머지 아이들은 파래가 신라 왕자가 아니라는 사실이 어서 밝혀지길 바라며 빡쌤에게 신라 이야기를 해 달라고 재촉했다. 마토는 파래가 신라 왕자든 아니든 상관없었다. 그저 발표를 잘해 보자기 속 음식을 먹길 바랐다. 파래는 빡쌤의 입을 통해 자기가 왕자라는 사실이 밝혀지는 순간을 생각하며 실실 웃었다.

이때 은지가 입을 열었다.

"고구려는 대륙을 통해서, 백제는 서해 바다를 통해서 다른 나라와 교류했잖아요? 그럼 두 나라와 달리 고립된 상황에 있던 신라는 시작도 좀 다르게 했겠네요?"

은지의 날카로운 질문에 빡쌤은 조금 놀랐다. 빡쌤의 표정 변화를 본 마토는 은지가 큰 점수를 얻을까 봐 긴장했다. 평소 남 일에 크게 신경 쓰지 않는 마토였지만 보자기 속 음식이 달린 문제여서 어쩔 수가 없었다. 그러나 마토의 바람과는 달리 빡쌤은 천천히 박수를 치며 고개를 끄덕였다.

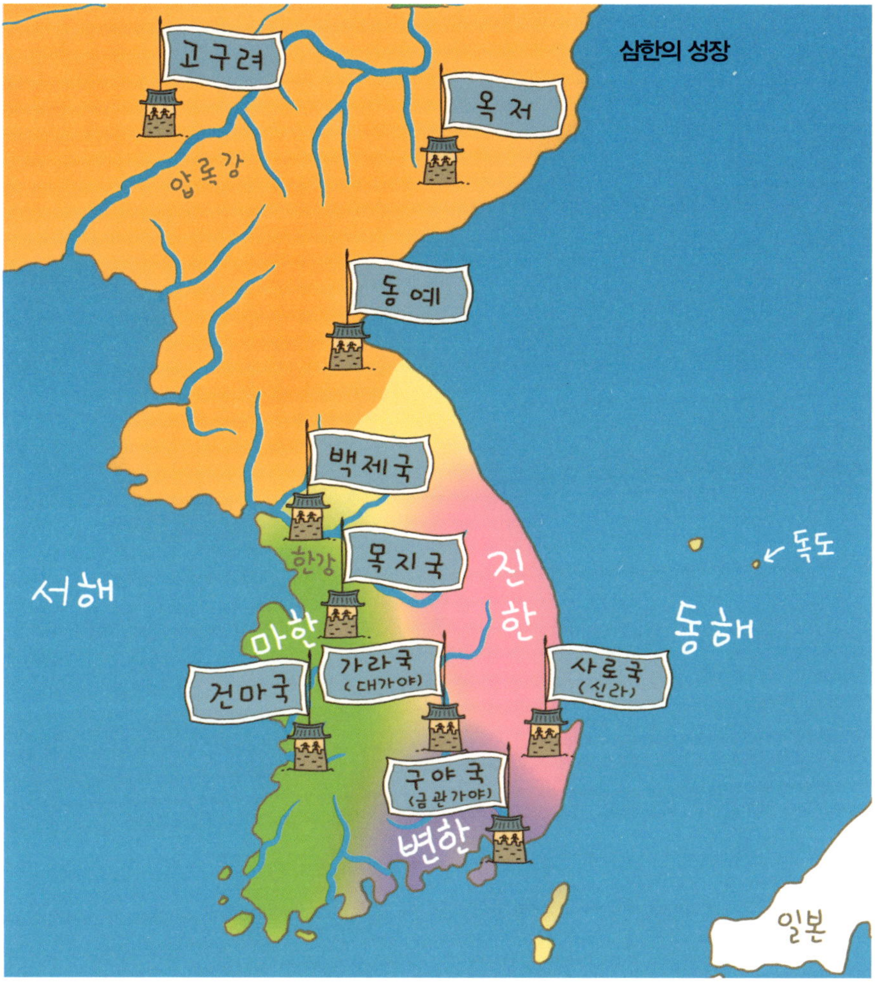

2부 삼국과 가야

삼한의 성장

"좋은 질문이야. 지리적으로 보면 그렇게 생각할 수 있어. 그러나 신라의 건국도 고구려나 백제가 세워진 것과 같아. 작은 나라에서 점점 힘을 키워 큰 나라가 되었지. 고구려와 백제가 어떻게 시작되었는지 기억하지?"

"고구려는 졸병의 작은 부족 국가에서 출발했어요."

어떻게 하든 점수를 얻으려던 마토가 다급하게 외쳤다. 순간 아이들이 웃

음을 터뜨렸다.

"졸병? 고구려가 졸병에서 출발했대. 크크크."

그때 마리가 마토의 귀에 대고 속삭였다.

"고구려가 처음 도읍으로 정한 건 졸본이야. 졸병이 아니라."

마리는 신라 왕자라고 나대는 파래 때문에 기분이 상했다. 그래서 백제의 마애 삼존 불상을 닮은 마토의 편을 들었다. 마리의 응원에 마토가 자신이 한 말을 바로잡았다.

"아차, 제가 잘못 말했는데요, 고구려는 졸본을 도읍으로 삼아 나라를 세웠어요."

"그래, 맞아. 마토가 지난 시간에 한 이야기를 잘 기억하고 있구나. 그리고 백제는 삼한 중 마한의 여러 나라에 속한 하나의 작은 나라에서 출발했지. 신라 역시 진한에 속한 12개의 작은 나라 가운데 하나인 사로국에서 출발했어. 신라의 건국 신화도 고구려나 백제와 비슷해."

"혹시 또 알?"

"그래. 신라의 시조인 박혁거세는 우물가에 놓여 있던 알에서 태어났다고 해. 고구려의 시조 주몽과 똑같지? 백제의 시조인 온조도 주몽의 아들이니까 알과 깊은 연관이 있지. 건국 신화에서 알은 어떤 의미가 있다고 했더라?"

"알은 태양을 의미하고 알에서 태어났다는 건 곧 하늘에서 온 고귀한 사람을 의미해요."

뭔가 말하려는 파래의 입을 막으며 시루가 소리쳤다. 자기가 말하려던 답을 시루에게 뺏긴 파래는 분해서 씩씩거렸다.

"시루 점수 추가! 박혁거세란 이름에서 성씨 '박'은 태어난 알이 둥근 박 모양이라서 붙여진 거고, '혁거세'는 '세상을 밝힌다'는 뜻이야. 사로국 사

경주 나정 터
박혁거세가 태어난 알이 놓여 있던 우물이 바로 나정이야. 신라의 시조인 박혁거세는 알에서 태어났다는 탄생 신화가 전해져 오고 있어.

람들은 박혁거세가 열세 살이 되자 그를 왕으로 받들어 모셨어. 이후 제1대 혁거세왕의 뒤를 아들인 남해왕이 이었고, 제2대 남해왕의 뒤는 그 아들인 유리왕이 이었어. 즉 박씨가 이어서 왕이 되었지."

"어, 신라의 왕은 김씨라던데 그게 아니라 박씨네요?"

마리가 파래를 보며 말했다. 파래가 당황한 얼굴로 빡쌤을 보았다.

"신라 초기엔 박씨, 석씨, 김씨가 번갈아 가며 왕이 돼. 제3대 유리왕의 뒤를 이은 건 박씨가 아닌 석씨인 탈해왕이야. 누군지 알지?"

"김수로왕에게 찾아가 나라를 내놓으라고 했던 사람이에요."

파래가 외쳤다. 다른 아이들에게 점수를 빼앗길 수 없었기 때문이다.

"맞아, 파래 1점. 수로왕에게 쫓긴 석탈해가 신라로 왔다고 했지? 그 이야기는 《삼국유사》〈가락국기〉에 실린 내용이야. 그러나 같은 《삼국유사》라도 '탈해왕조'에는 조금 다른 내용이 나와. 또 《삼국사기》와도 조금 다르지. 그 이유는 다루는 글의 주인공이 달라졌기 때문이란다.

석탈해의 탄생에도 신비한 이야기가 전해져 내려와. 진한의 작은 나라인 용성국의 왕비는 어느 날 알을 낳아. 왕비는 내다 버리라는 왕의 명령에 알을 궤짝에 담아 바다에 띄워 보내지. 그 알이 어느 바닷가에 닿아 사람들에게 발견되었는데 알에서 튼튼하고 잘생긴 사내아이가 태어나. 아이는 지혜로운 청년으로 자라나 어려움이 많은 남해왕을 도와 나랏일을 잘 보살피지."

"자꾸 알 얘기가 나오니까 계란 프라이 먹고 싶다."

마토가 출출한지 배를 만지며 말했다.

"넌 참 먹성도 좋다. 알에서 사람이 나왔다는데 알이 먹고 싶냐? 난 달걀만 봐도 왠지 기분이 이상한데."

마리가 인상을 잔뜩 찌푸렸다. 시루도 옆에서 고개를 끄덕였다.

"남해왕은 그런 석탈해에게 왕위를 넘겨주려고 했어. 태자인 유리를 제쳐 두고 말이지. 석탈해의 뛰어난 능력을 아는 유리도 석탈해가 왕이 되어야 한다고 했지. 그런데 석탈해는 도리가 분명한 사람이어서 태자인 유리가 왕위를 이어야 한다고 생각했어. 둘이 서로 왕위를 양보하다가 떡을 물어 치아의 개수가 많은 사람이 왕이 되기로 하지. 결국 치아가 더 많은 유리가 왕이 된단다. 유리왕은 이가 많아 왕이 되었다 하여 '이사금'이라고 불렸어."

"능력이 아닌 이의 개수로 왕을 정했다니 좀 황당하다!"

은지가 어이 없다는 표정으로 말했다. 파래는 마토를 끌고 가 거울에 이를

비추어 보았다. 시루가 둘의 귀를 붙잡아 다시 탁자로 끌고 왔다.

"이가 많은 사람을 지도자로 뽑는 것은 오래전부터 있던 풍습이야. 이가 많으면 나이가 많고 지혜로우며 훌륭한 사람이라고 생각했지. 이사금이란 말은 이의 자국이란 뜻이야. 이사금이 닛금으로 변하고, 닛금이 니은금으로 그리고 임금으로 바뀌었어. 왕을 부르는 다른 이름인 임금은 이사금에서 나온 거야."

박씨, 석씨, 김씨, 번갈아 가며 왕이 되다

"석탈해는 유리왕을 도와 나라가 힘을 키우도록 돕지. 석탈해의 유능함을 알고 있던 유리왕은 자신의 왕위를 석탈해에게 물려준단다. 이 사람이 바로 탈해왕이야. 이렇게 해서 박씨가 아닌 석씨가 왕이 된 거야. 그리고 나중엔 김알지가 시조인 김씨도 왕위에 오르지."

김씨가 왕이 되는 부분에 이르자 파래가 만세를 불렀다.

"야, 드디어 우리 할아버지가 등장한다!"

"김알지에 관해서도 재미있는 이야기가 있어. 탈해왕 때 어느 날 신하인 호공이 숲속에 환한 빛이 보여서 가 보니 황금 상자가 나무에 걸려 있었대. 그 아래서 하얀 닭이 울고 있었어. 신기하게 여긴 탈해왕이 신하들에게 상자를 열게 하니 그 안에 사내아이가 누워 있었다는 거야."

"알이 상자로 바뀐 것만 빼고는 박혁거세나 석탈해의 탄생과 비슷하네요."

"그런데 하얀 닭이 울었다는 건 무슨 의미예요?"

"흰색은 좋은 일이 일어날 조짐을 뜻해. 하얀 말, 하얀 호랑이를 귀하게 여기잖아. 닭, 즉 새는 하늘의 뜻을 전하는 존재로 생각했어. 그러니까 하늘에

서 귀한 사람이 온다는 뜻이라고 생각할 수 있지."

"여기서도 다른 건국 신화와 마찬가지로 신의 아들이 등장하는군요."

은지가 고개를 끄덕이며 말하자 파래가 갑자기 손가락으로 귀를 후비며 끼어들었다.

"누가 자꾸 내 얘기를 하네. 히히히."

"신의 아들의 속뜻은 아주 귀한 사람이 왔다는 뜻이겠지. 아마 신라와 합친 나라의 지배자였거나 북쪽에서 내려온 부족이었을 가능성이 커. 탈해왕은 아이에게 김알지라는 이름을 지어 주고 잘 키운단다. 여기서 알지는 어린아이란 뜻이고, 성씨 김은 금으로 된 상자에서 따왔지. 김알지는 나중에 훌륭한 어른으로 자라. 탈해왕은 김알지에게 왕위를 넘겨주려 하지만 김알지는 그걸 사양해. 그러다 김알지의 몇 대 후손이 왕이 되는데 그가 바로 미추왕이지. 미추왕 이후엔 다시 석씨가 왕이 되고."

"박씨, 석씨, 김씨는 이렇게 번갈아 가며 왕이 되는데, 이것은 세 성씨가 대표하는 집단이 사로국의 지배층을 이루고 있었다는 걸 의미해. 또 세 성씨 중 어느 하나가 두드러지게 큰 힘을 가지지 않은 상태였다는 걸 알 수 있지. 어느 하나가 다른 집단을 억누를 정도로 힘이 세지면 그 집단만이 왕이 되고 나머진 그 아래 신하가 되었을 테니까."

"그럼 우리 할아버지가 다시 왕이 되는 건 언제예요?"

파래는 빡쌤이 자신의 조상들이 멋지게 등장하는 모습을 어서 이야기해 주길 바랐다. 그래서 다보탑도 모른다며 놀리던 아이들의 코를 납작하게 만들어 주고 싶었다.

거서간, 차차웅, 이사금, 마립간. 신라 왕의 이름은 왜 이렇게 여러 가지죠?

신라에서 왕을 부르는 호칭은 이사금 말고도 거서간, 차차웅, 마립간 등이 있어. 거서간은 '밝은 태양'이란 뜻이니 알이 태양을 의미한다는 박혁거세의 탄생 설화가 생각나지? 차차웅은 무당이란 뜻이니 고조선의 단군왕검에서 단군은 제사장을, 왕검은 정치적 지배자를 의미했다는 옛이야기가 떠오를 거야. 신라 시대의 왕은 제사장의 역할을 같이 했음을 알 수 있어.

마립간은 가장 힘이 강한 우두머리란 뜻인데 이름에서 알 수 있듯이 마립간이라 불리는 왕은 다른 세력을 아우르는 힘이 있었을 거야. 실제로 마립간으로 불린 내물왕 때부터 박씨와 석씨는 왕이 되지 못하고 김씨만 왕이 되었어. 권력이 강력한 김씨 집단으로 집중된 걸 알 수 있지.

신라 시대의 왕이 어떤 이름으로 불렸는지 알면 그 왕에 대한 여러 가지 정보를 얻을 수 있어. 시조인 혁거세왕은 거서간으로 불렸는데 거서간이 밝은 태양을 뜻하고 박혁거세가 알에서 태어났다는 걸 연관시키면 왜 그렇게 불렸는지 쉽게 이해가 되지?

남해왕은 차차웅으로 불렸는데 이것은 두 번째 왕이란 의미였을 거야. 한자로 차(次)는 두 번째란 뜻이거든. 둘째 아들을 차남이라고 하잖아. 그런데 남해왕 때는 외세의 침입에 시달리고, 가뭄으로 흉년이 들고, 메뚜기 떼가 곡식을 다 갉아먹는 데다, 전염병까지 돌았던 아주 힘든 시기였어. 그런 상황이라면 간절히 하늘에 제사를 지내야 했을 거라는 추측을 할 수 있지. 이런 시대에 왕의 제사장 역할이 중요했을 테니 차차웅이 무당을 의미한다는 것과 통하지?

유리왕 때부터는 조금 전에 말한 것처럼 능력이 있는 사람이 왕이 된다는 의미에서 이사금으로 불렸어. 그러다 내물왕은 이사금과 마립간으로 불렸고 이후의 왕들은 계속 마립간으로 불리지. 왕이라는 호칭은 지증왕 때 나라 이름을 사로국에서 신라로 바꾸면서부터 쓰기 시작했어.

내물왕, 김씨 왕조를 열다

"하나의 성씨가 왕위를 이어 가기 시작한 시기는 제17대 왕인 내물왕 때부터야. 이것은 곧 김씨가 석씨와 박씨 세력을 누르고 권력을 잡았다는 것을 뜻해. 내물왕은 이사금으로도 불리고 마립간으로도 불렸어. 능력으로 왕이 되고(이사금) 나중에 가장 강한 힘을 가진 우두머리가 되었다(마립간)는 의미일 거야. 이때부터 김씨가 왕의 자리를 독차지했고 마립간이라고 불렸어."

파래가 벌떡 일어나서 두 팔을 번쩍 들고 외쳤다.

"내물 할아버지 만세!"

아이들은 자꾸 나서서 왕자 노릇을 하려고 하는 파래가 얄미웠다.

"파래야, 조용! 내물왕 이야기를 계속하자. 내물왕 때부터 권력이 하나로 집중되며 나라의 기틀이 잡히기 시작했지만, 당시 신라의 상황은 그리 좋지 않았어. 그즈음이 언젠고 하니 백제의 전성기인 근초고왕 시대부터 고구려의 전성기인 광개토 대왕 때까지였어. 백제와 고구려는 이제 겨우 연맹 왕국에서 벗어난 신라가 감당하기엔 너무 버거운 상대들이었지. 다행히 두 나라가 서로 엎치락뒤치락 싸우느라 바빠 신라를 내버려 두긴 했지만."

"그럼 된 거 아니에요?"

"그런데 위협은 두 나라뿐이 아니었어. 극성스러운 왜가 수시로 쳐들어와서 나라를 쑥대밭으로 만들곤 했지. 왜의 침입을 도저히 막을 수 없는 지경이 된 신라는 고구려 광개토 대왕에게 도움을 청했어. 광개토 대왕은 군사 5만 명을 보내 왜군을 모두 몰아내 버렸단다."

"역시 광개토 대왕이야."

아이들은 엄지를 들고 즐거워했다. 고구려 공부할 때를 생각하자 자랑스러

운 마음이 되살아났기 때문이다.

"하지만 광개토 대왕 때문에 금관가야가 큰 타격을 입었잖아."

은지의 말에 아이들이 조용해졌다.

"다행히 왜군에게 망할 위기는 면했지만 대가가 필요했지. 신라는 나라를 구해 준 값으로 고구려에 조공을 바치며 머리를 조아려야 했어. 고구려는 신라의 나랏일에 사사건건 간섭했고 신라 왕자를 볼모로 데려가기도 했어. 정말 나라 체면이 말이 아니었지."

"그런 약한 나라가 어떻게 고구려, 백제, 가야을 누르고 통일할 수 있었죠?"

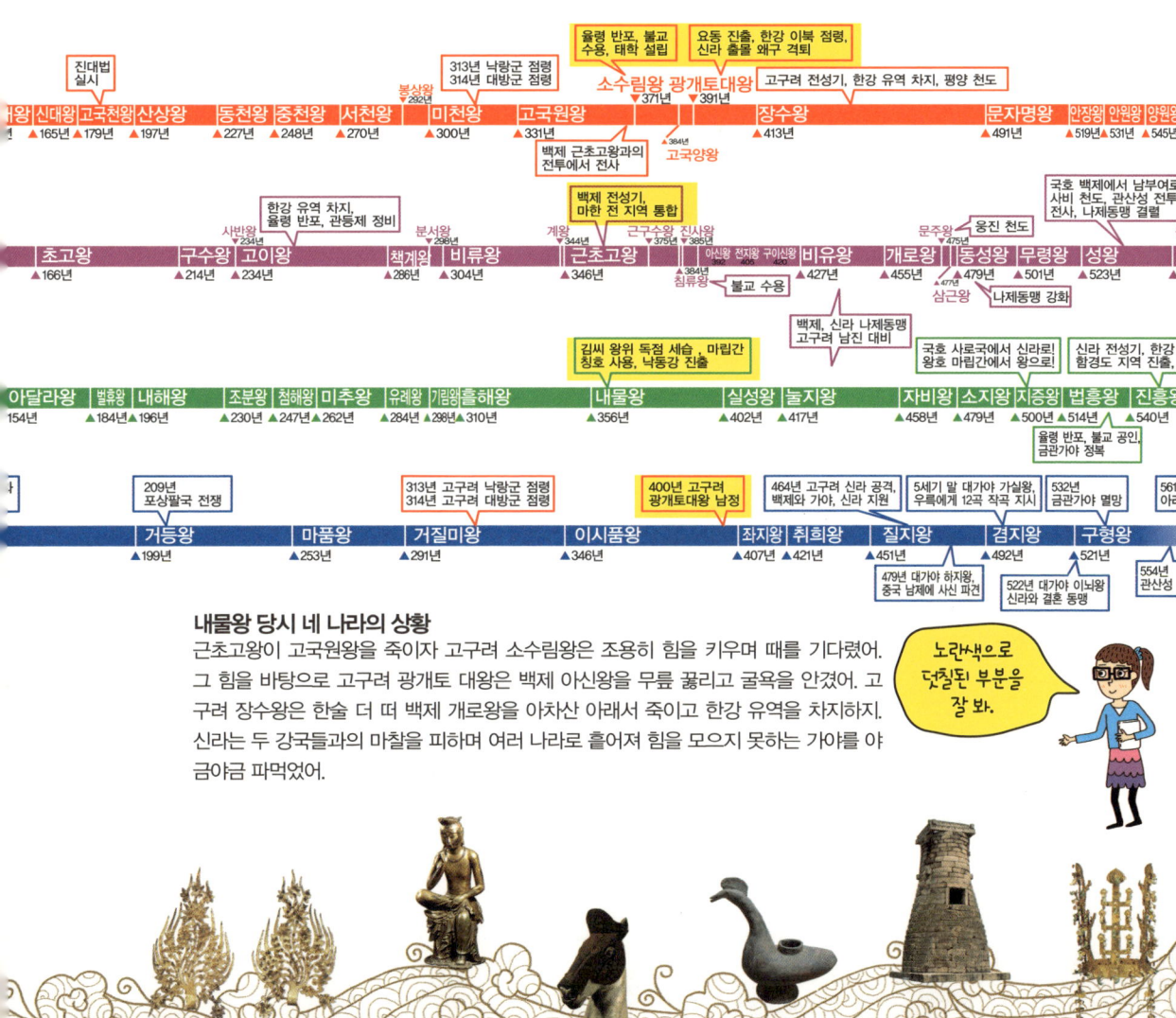

내물왕 당시 네 나라의 상황
근초고왕이 고국원왕을 죽이자 고구려 소수림왕은 조용히 힘을 키우며 때를 기다렸어. 그 힘을 바탕으로 고구려 광개토 대왕은 백제 아신왕을 무릎 꿇리고 굴욕을 안겼어. 고구려 장수왕은 한술 더 떠 백제 개로왕을 아차산 아래서 죽이고 한강 유역을 차지하지. 신라는 두 강국들과의 마찰을 피하며 여러 나라로 흩어져 힘을 모으지 못하는 가야를 야금야금 파먹었어.

노란색으로 덧칠된 부분을 잘 봐.

신라 천년 역사의 기초를 다진 지증왕과 법흥왕

"시간이 모든 걸 설명해 주지. 시간이 흘렀어. 고구려의 광개토 대왕 다음 왕인 장수왕이 백제의 개로왕을 죽이고 한강 유역을 빼앗은 거 기억하지? 그래서 개로왕의 동생인 문주왕이 수도를 웅진으로 옮긴 것도 기억할 테고. 이렇게 장수왕이 남쪽으로 세력을 넓히자 백제는 위기에 몰렸지."

"백제는 신라에 힘을 합치자고 손을 내밀었고 신라도 백제의 손을 잡았어. 신라 역시 고구려에게서 위협감을 느끼고 있었으니까. 또 고구려에 조공을 바치며 온갖 굴욕을 당한 신라로서는 상황을 뒤집을 계기가 필요했을 거야. 백제의 왕과 신라 귀족의 딸이 결혼함으로써 두 나라의 사이가 더 가까워졌어. 두 나라는 고구려와의 싸움에서 위기에 처할 때마다 서로 도왔지. 두 나라가 손을 잡은 덕에 신라는 고구려의 간섭에서 벗어날 수 있었어."

"위기에 몰린 백제나 신라 입장에선 좋은 일이겠지만, 서로 사랑하지도 않는 사람들이 결혼한다는 건 전혀 낭만적이지 않아요."

사랑하는 사람과 아름다운 결혼을 꿈꾸는 마리가 슬픈 표정을 지어 보였다.

"옛날에는 결혼을 통해 관계를 다지는 일이 많았어. 그것을 정략 결혼이라고 하지. 백제와 결혼으로 사이를 돈독히 한 신라의 왕은 제21대 소지왕이야. 소지왕 다음에 신라 역사에서 매우 중요한 일을 하는 왕이 등장해. 나라 이름을 신라*로 바꾸고 나라를 다스리는 사람을 마립간에서 왕으로 부르도록 한 지증왕이야."

"지증왕이요? '독도는 우리 땅' 노래에 나오는 그 지증왕이요?"

파래가 아는 이름이 나오자 신이 나서 물었다.

"맞아, 그 지증왕. 지증왕은 현실을 정확히 볼 줄 아는 왕이었어. 그는 당시

성행하던 순장을 금지시켰지. 일을 해서 나라를 부강하게 만들 백성을 함부로 죽이지 못하게 한 거야. 그와 함께 농업을 발전시키기 위해 노력하는데, 소를 이용해 밭을 가는 농경법을 퍼뜨린 사람도 지증왕이란다. 소에 쟁기를 달아 땅을 깊숙이 가니 곡식이 잘 자랐어. 신라의 수도 금성에 '동시'라는 큰 시장도 열어 사람들이 서로 필요한 것을 사고팔기 쉽게 했지. 또한 지방 구석구석까지 왕의 명령이 미칠 수 있도록 해서 나라 전체를 잘 다스릴 수 있었어. 지증왕은 영토를 넓히는 데도 신경을 써 가야의 일부를 신라의 영토로 만들었고, 이사부를 보내 지금의 울릉도와 독도인 우산국을 무릎 꿇렸어."

> 신라는 왕의 덕업이 나날이 새로워지고, 사방의 영역을 두루 망라한다는 뜻이다.

"지증왕 때 이미 독도는 우리 땅이었던 거군요."

시루가 어거지를 부리는 일본을 떠올리고는 주먹을 불끈 쥐었다.

"지증왕의 아들인 법흥왕은 아버지가 다져 놓은 국력을 바탕으로 신라가 한 단계 더 도약할 방법을 찾았어. 그래서 율령을 널리 퍼뜨려 백성 모두가 알게 했지. 율령은 지금의 형법과 행정법에 해당해. 율령에 관해선 고구려 소수림왕을 공부할 때 이야기한 적 있지? 지은 죄에 대해 벌을 줄 때는 일정한 원칙과 기준이 있어야 해. 아니면 자신이 한 행동이 잘못된 건지 아닌지 모를 테고, 똑같은 죄에 대해 누군 벌을 주고 누군 그냥 두면 불만이 쌓이겠지. 율령을 반포해서 백성들이 불만 없이 왕의 뜻에 따르도록 함으로써 나라의 기틀이 확실히 잡혔어."

"법률을 널리 알렸다고 법흥왕인가 봐요?"

한자를 잘 아는 은지가 물었다.

"그렇게 생각할 수도 있는데, 사실 법흥왕에서 법은 법률의 법이 아니라 부처님의 법, 즉 불법을 의미해. 불교는 법흥왕 이전에 이미 신라에 들어왔

지만 법흥왕 때에 이르러서 불교가 나라의 종교가 되었단다."

"그러면 종교의 자유가 없는 거 아니에요? 신앙마저 나라가 정하고 강요하는 건 옳지 않아요."

정의의 사도 태권 소녀 시루가 한마디 했다.

"물론 이건 지금과 아주 다른 옛날이야기야. 오늘날의 사람들은 이성이 발달해서 신앙만으로 세상을 판단하지 않아. 그래서 저마다 다른 신앙을 갖고 있다는 것이 나라의 힘을 하나로 모으는 데 장애물이 되지 않지. 나랏일에 중요한 결정을 신앙보다는 이성적 판단으로 하기 때문이야. 하지만 옛날 사람들은 신에 대한 믿음이 무엇인가를 결정할 때 결정적 역할을 하는 경우가 많았어. 그러니 모두 하나의 종교를 믿는다면 백성들의 생각을 하나로 모으는 데 아주 유리할 거야."

"특히 신라는 한반도 남동쪽에 치우쳐 있으면서 다른 나라와 교류가 별로 없었던 나라야. 그러다 보니 옛날부터 내려오는 신앙의 힘이 아주 강했지. 법흥왕은 불교를 통해 사람들의 뜻을 모으고 '왕이 곧 부처'라는 생각을 심어서 왕의 권위를 높이고 싶었어. 하지만 자신들의 신앙에 대한 고집이 엄청 센 사람들을 설득하기가 힘들었지. 특히 저마다 정치적, 경제적 힘을 갖고 있는 귀족들의 반발은 꺾을 수가 없었단다."

"귀족의 힘이 강해지면 왕의 힘이 약해지는 거니까 힘을 하나로 모으기 어려웠겠네요."

"맞아. 왕권을 강화하려던 법흥왕은 고민에 빠졌어. 이때 신하 이차돈이 불교를 국교로 삼는 데 목숨을 내놓겠다고 했지. 이차돈은 귀족들이 하늘 신에게 제사를 지내는 천경림의 나무를 베고 절을 지었어. 화가 난 귀족들이 들고일어나자 법흥왕은 이차돈의 목을 베라고 했지. 이차돈의 목을 베자 하얀 피가 솟구치고 하늘이 캄캄해지고 땅이 진동하며 꽃비가 흩날렸다고 해. 이를 본 사람들은 부처님의 뜻을 어겨서 하늘이 노했다며 두려워했고 결국 법흥왕의 뜻대로 불교를 받아들이게 되었어."

"자, 이쯤에서 법흥왕과 판박이처럼 똑같은 고구려의 왕이 떠오르지 않니? 율령을 퍼뜨려 나라의 질서를 잡고 불교를 받아들여 백성들의 마음을 하나로 모은 왕. 그래서 나라가 전성기를 누릴 수 있는 바탕을 만든 왕."

빡쌤의 질문에 아이들은 재빨리 머리를 굴렸다. 보자기 속에 든 상을 받기 위해서였다.

"소수림왕이요."

가장 먼저 답을 맞힌 아이는 똑똑이 은지도, 태권 소녀 시루도, 까불이 파래도 아니었다. 그건 먹보 마토였다. 마토는 보자기 속 음식을 꼭 먹고 싶었다!

"그래, 맞아! 고구려의 소수림왕이지. 백제가 고국원왕을 죽이고 황해도 지역을 빼앗은 상황에서 소수림왕은 내부의 힘을 하나로 모아 뒷날을 기약했고, 마침내 광개토 대왕 때 고구려 최고의 전성기를 이루게 되었잖아? 신라의 경우도 고구려에 조공을 바치는 굴욕을 참고 차근차근 내부의 힘을 키웠고, 소수림왕이 그랬듯이 법흥왕도 율령과 불교로 나라의 힘을 하나로 모았어. 그 힘으로 금관가야를 정복했지."

이차돈 순교비
신라에서 불교 공인을 위해 자신을 희생한 이차돈의 순교 정신을 기리고자 만든 비석이야.

신라의 전성기 때 영토

"법흥왕 할아버지 만만세!"

갑자기 파래가 벌떡 일어나서 또 다시 만세를 외쳤다. 내물왕 이야기에 이어 또 만세를 부르자 참다못한 시루의 주먹이 가만있지 않았다. 파래는 얻어맞은 팔뚝을 만지면서도 실실 웃었다.

"법흥왕 때 강력한 나라가 된 신라는 법흥왕의 외손자인 진흥왕에 이르러 전성기를 맞이하게 돼. 삼국의 경쟁 속에서 전성기를 맞이한 나라들의 공통점이 뭐라고 했지?"

"한강 유역을 차지한 거요."

이번에는 누가 먼저랄 것도 없이 동시에 대답했다.

한강을 차지하고 역사의 중심에 선 신라

"당시 한강을 지배하고 있던 나라는 고구려야. 백제는 고구려에 빼앗긴 한강을 되찾기 위해 무진 애를 쓰고 있었어. 근초고왕 시절 중국에까지 영향을 미칠 정도로 강성했다가 충청도로 밀려나 찌그러져 있던 백제는 한강을 결코 포기할 수 없었지. 그때 신라가 슬며시 손을 내밀었어. 함께 손잡고 고구려로부터 한강을 빼앗

자고 말이지. 백제와 신라의 연합군은 고구려를 공격해 한강 일대를 빼앗았어. 한강 상류 지역은 신라가, 하류 지역은 백제가 나눠 가졌지. 그런데 얼마 뒤 진흥왕은 백제를 공격해 한강 하류마저 차지하고 말았어. 백제의 성왕은 배신감에 치를 떨며 신라를 공격했지. 그러나 오랫동안 힘을 키워 온 신라를 당해 낼 수 없었고 성왕은 전투에서 죽고 말았어. 이 이야기는 앞에서 했었지."

"난 진흥왕이 맘에 안 들어."

강력한 힘으로 중국을 벌벌 떨게 한 고구려가 맘에 들었던 시루가 파래를 째려보았다.

"왜? 내가 뭘 어쨌다고?"

파래는 시루의 서슬에 기가 죽어 뒤로 물러섰다.

"너 신라 왕자라며? 이 진흥왕의 후손아."

시루가 주먹을 불끈 쥐어 보였다. 그런데 조금 전까지 겁을 먹고 물러서던 파래가 입을 크게 벌리고 웃었다.

"뭐야? 그럼 날 신라 왕자로 인정하는 거야? 우하하하."

어쩌다 파래를 왕자로 인정한 꼴이 되어 버린 시루는 얼굴이 붉으락푸르락했다.

"신라는 한강을 차지하고 삼국의 경쟁에서 주도권을 잡으며 전성기를 맞이할 수 있었어. 한강에서 서해로 이어진 바닷길을 통해 중국과도 직접 교류할 수 있게 되었고 말이야. 진흥왕은 이 기세를 몰아 장군 이사부를 시켜 대가야를 정복했어. 나머지 가야들도 모두 신라에게 점령당했지."

"가야의 여러 나라가 힘을 모았다면 그렇게 허무하게 무너지진 않았을 텐데."

북한산 진흥왕 순수비
진흥왕이 자신이 점령한 한강을 직접 순찰하고 기념으로 세운 비석이야. 순수비에서 '순수'는 왕이 두루 살피며 돌아다니는 일을 뜻해.

마리가 가야에 대한 아쉬움에 한숨을 푹 내쉬었다.

"신라 영토는 점점 넓어져 북쪽으로는 함경도 땅에 이르렀고 강원도와 서울을 포함한 경기도, 충청도 일부까지 차지했어. 거의 한반도의 절반에 해당하는 땅이 신라 영토가 된 거야. 진흥왕은 새롭게 차지한 땅마다 순수비를 세웠어. 순수비는 왕이 두루 보살피며 돌아다닌 곳을 기념하는 비석이야."

"고구려의 전성기를 위한 기틀을 다진 소수림왕이 인재 양성을 위해 국립 학교인 태학을 세운 것 기억하지? 신라의 진흥왕은 화랑도를 만들어 나라의 미래를 책임질 인재를 키운단다."

"어느 나라든 나라를 강하게 만들기 위해 인재를 키웠군요."

"대한민국을 발전시킬 인재는 바로 너희들이고!"

빡쌤의 말에 아이들은 괜히 어깨가 으쓱해졌다.

신라의 어려운 시기를 견뎌 낸 선덕 여왕

"진흥왕에 의해 한껏 영토를 넓힌 신라지만 안으로는 어려움이 많았어. 오랜 전쟁으로 농토는 황폐해졌고 먹을 것이 없어진 백성들은 반란을 일으켰지. 신라에 당한 고구려와 백제도 가만히 있지 않았어. 특히 백제는 자신들

의 뒤통수를 친 신라에 복수하기 위해 이를 악물었어."

"저라도 그런 상황이었으면 가만히 있지 않았을 거예요."

시루의 말에 파래는 괜히 뭔가 잘못한 것 같아 고개를 떨구었다.

"우리나라 최초의 여왕인 선덕 여왕은 이런 어지러운 상황 속에서 왕위에 올랐어. 쉽지 않은 상황에서 선덕 여왕은 나라가 편안해지도록 애를 썼지. 선덕 여왕이 첨성대를 만든 것도 그런 마음에서였어. 첨성대는 하늘의 움직임을 살피는 천문대*잖아? 하늘의 움직임을 통해 날씨를 미리 알아내 농사에 도움을 주려 한 거지. 농사가 잘되어야 백성들이 먹고살 수 있고 그래야 나라가 편안해질 테니까. 그리고 황룡사 구층 목탑을 세웠어. 부처님의 자비로 신라가 처한 어려움을 이겨 내길 바라는 간절한 마음에서 비롯된 것이지.

그러나 상황은 쉽게 나아지지 않았어. 백제의 무왕이 죽고 왕위에 오른 의자왕은 더욱 거세게 신라를 몰아붙였단다. 신라 군은 있는 힘을 다해 막았지만 의자왕이 이끄는 백제 군을 당해 내기가 어려웠어. 선덕 여왕에게는 천명 공주라는 언니가 있었어. 천명 공주의 아들 김춘추는 다른 나라와의 외교에 뛰어난 능력을 갖고 있었지. 위기에 처한 선덕 여왕은 김춘추를 고구려로 보냈어. 도움을 구하기 위해서지."

"광개토 대왕 때 고구려의 도움을 받고도 나중엔 고구려를 공격해 한강을 빼앗았잖아요. 나 같으면 안 도와줬을 것 같아요."

파래를 제외한 아이들 모두 같은 마음이었다.

"모두들 연개소문과 생각이 똑같구나. 당시 고구려의 권력을 잡고 있던 연개소문은 먼저 신라가 빼앗아 간 한강 유역을 내놓으라고 했지. 한강 유역을 내놓는다는 건 삼국의 경쟁에서 뒤떨어진다는 걸 의미하는데 그걸 받아들이긴 어려웠어. 결국 김춘추는 고구려의 도움을 얻지 못하고 빈손으로 신라로

돌아왔어. 드센 백제의 공격은 계속되었고 신라는 위기에서 벗어나기가 어려웠어. 불행 중 다행인 것은 신라에는 아주 뛰어난 장군이 있었다는 거야."

아이들은 그 장군이 누군지 궁금했다. 그러나 파래는 장군보다는 자기가 진짜 왕자라는 걸 어서 말해 주길 바랐다.

"쌤, 그런데 제가 진짜 왕자라는 건 언제 알려 주시는 거예요? 전 장군보다 왕자가 궁금하다고요."

아이들은 이야기의 흐름을 끊는 파래를 노려보았다.

"아참, 그렇지. 그런데 파래야. 너 본관이 어떻게 되지?"

빡쌤이 생전 처음 들어 보는 단어를 꺼내자 당황한 파래가 말을 더듬었다.

"보, 본관이요? 그게 뭐예요?"

"본관이란 한 혈통을 가진 조상들이 모여 살던 장소야. 즉 어느 성씨가 시작된 곳이지. 전주 이씨니 밀양 박씨니 하는 것 말이야."

"아, 그거요. 전에 아빠가 김해 김씨라고 하셨어요."

"그래? 그럼 이걸 어쩐다? 파래에게 아주 슬픈 사실을 알려줘야 할 것 같은데."

빡쌤의 말에 아이들은 탁자에 바싹 다가앉아 빨리 슬픈 사실을 알려 달라고 재촉했다. 파래는 왠지 마음이 불안해졌다.

"김해 김씨의 시조는 신라의 왕이 된 김알지가 아니라 금관가야를 세운 김수로야. 김알지가 경주 김씨의 시조지. 안타깝게도 넌 신라 왕자가 아니야."

빡쌤의 말에 파래는 사형 선고를 받은 죄수처럼 얼굴이 파랗게 질렸다.

"뭐야, 그렇게 잘난 척하더니."

마리가 고소하다는 표정으로 파래를 보았다.

"잘난 척한 게 문제가 아니야. 이 녀석 아주 나쁜 놈이야."

> ***천문대**
> 하늘의 움직임을 관찰하고 연구하는 시설이야.

시루의 말에 아이들은 일제히 파래를 쳐다보았다. 파래는 시루가 또 무슨 소리를 해서 자신에게 강편치를 먹일까 잔뜩 긴장했다.

"아까 가야가 망할 때 이 녀석이 만세를 불렀잖아. 자기 할아버지 나라 사람들이 신라인들에게 짓밟히는 걸 듣고 좋아하다니. 정말 나쁜 놈 아니야?"

천하의 못된 놈이 된 파래는 고개를 푹 숙이고 아무 말도 못했다.

"이제 그만. 잘 몰라서 그런 건데 너무 그러지 마."

빡쌤이 파래를 감싸자 시루와 마리가 입을 삐죽거렸다.

"저 녀석 아까부터 얼마나 밉살맞게 굴었는데요."

"파래도 이번 일로 깨달은 게 있을 거야. 역사를 잘 모르면 이런 바보 같은 일을 당하게 되지. 자기가 누군지 모르는 것과 같으니까. 그럼 공부를 계속할까?"

"네!"

아이들은 열심히 역사를 공부해야겠다는 생각이 들었다. 그러나 파래는 풀이 죽어 앉아 있었다. 그런 파래에게 빡쌤이 말했다.

"실망할 필요 없어, 파래야. 네 조상 중에는 신라 최고의 장군이 있거든."

빡쌤의 말은 세상이 캄캄하게 느껴지던 파래에게 한 줄기 빛처럼 다가왔다.

"지난번 가야의 역사를 공부할 때 금관가야, 즉 가락국의 마지막 왕 구형

첨성대
신라 선덕 여왕이 건축한 천문 기상 관측대야. 동양에서 가장 오래된 관측대이기도 하지. 첨성대를 쌓은 365개의 돌은 1년의 날수를 상징한다고 해.

왕이 신라에 항복했다는 말 기억나지?"

"네, 구형왕 말고도 많은 가야 사람들이 신라에 들어가 살면서 신라 발전에 큰 힘이 되었다는 것도요."

은지가 가야 수업 시간에 들은 것을 떠올리며 말했다.

"바로 그 구형왕의 증손자인 김유신 장군이 바로 김해 김씨야. 그러니 파래가 신라 왕자는 아니더라고 신라 장군의 후손은 되겠구나."

김유신 장군의 등장에 파래의 눈에 눈물이 맺혔다. 왕자가 아니란 이유로 시루에게 당한 설움이 복받쳐 올라왔다. 파래는 맺힌 눈물을 팔뚝으로 쓰윽 닦고 장군처럼 근엄한 표정을 지었다.

"왜 이젠 장군의 아들이라고 으스대지 그래?"

시루가 빈정거렸지만 파래의 표정은 흔들리지 않았다.

"조상님을 생각해서라도 이젠 까불지 않겠어."

"파래가 한결 의젓해졌구나. 김유신은 백제와 밀고 밀리는 전투를 계속하며 버텨 나갔어. 그리고 위기 상황에서 이번엔 김춘추가 당나라에 도움을 청했어. 고구려를 공격했다가 실패한 당나라 태종은 어떻게 하면 고구려를 무너뜨릴까 골머리를 앓고 있던 참이었지. 당 태종은 신라를 이용하면 고구려를 꺾을 수 있겠단 생각이 들었어. 또 고구려가 무너지면 한반도 전체를 먹는 건 식은 죽 먹기라고 생각했지."

이미 고구려를 공부할 때 들은 이야기였지만 아이들의 얼굴이 어두워졌다.

신라, 삼한 통일을 이루다

"당나라 소정방이 이끄는 13만 명의 군사와 신라 김유신이 이끄는 5만 명의 군사가 백제의 수도인 사비로 물밀듯이 공격해 들어갔어. 백제의 장군 계백이 이끄는 5,000명의 결사대는 황산벌에서 죽기를 각오하고 싸웠지만 결국 전멸하고 말았지. 이렇게 백제는 멸망하게 돼. 고구려도 바닥난 국력과 내부 분열로 나·당 연합군에게 멸망하게 되지. 이건 앞서 고구려와 백제를 공부할 때 한 이야기한 거니까 여기서는 생략할게. 너희도 속상해서 다시 반복해 듣고 싶진 않을 거야."

"그런데 당나라는 고구려를 무너뜨린 뒤 한반도 전체를 집어삼키겠다는 마음을 품고 있었잖아요?"

은지는 우리 민족의 방패 역할을 하던 고구려가 사라진 한반도가 걱정되었다.

"백제와 고구려를 멸망시킨 뒤 당나라는 시커먼 속을 드러냈어. 고구려 땅에 도호부, 백제와 신라 땅에 도독부라는 기관을 두어 한반도의 모든 땅을 지배하려 했지. 신라는 당나라를 몰아내기 위한 전쟁을 일으켰어. 마침내 7년이나 되는 전쟁에서 이겨 당나라를 몰아낼 수 있었지. 대표적인 전투로 매소성 싸움과 기벌포 싸움이 있어."

"지금까지의 이야기를 돌이켜보면 신라는 남의 힘을 빌리거나 뒤통수를 쳐서 살아남은 나라 같은데 어떻게 당나라라는 큰 나라를 이겼죠?"

시루는 고구려도 아닌 신라가 당나라를 이긴 것이 믿기지 않았다.

"그게 바로 신라의 저력 아닐까? 우리 민족의 저력이기도 하고. 신라도 우리 민족이 세운 나라니까 말이야. 그 예로 김유신의 아들 원술이 이끄는 신라군은 지금의 양주인 매소성에서 20만 명이나 되는 당나라 군을 무찔렀어. 또

고구려와 백제의 유민들이 당나라에 맞서 무너진 나라를 다시 세우려고 싸운 것도 신라가 당나라를 몰아내는 데 큰 힘이 되었단다."

"그럼 삼국이 힘을 합쳐 당나라를 물리친 셈이네요."

"결과적으론 그런 셈이 되는구나. 그렇게 해서 신라는 삼국 통일을 이루었어. 그런데 엄격히 말해 삼국 통일이라고 말할 수는 없어. 백제와 고구려를 멸망시켰지만 신라가 차지한 것은 삼한, 즉 마한, 진한, 변한 지역뿐이었으니까. 고구려의 영토에는 발도 들이지 못했지. 그러니까 삼국 통일이 아니라 삼한 통일이라고 하는 게 더 정확할 거야."

"중국을 끌어들여 같은 민족의 나라를 멸망시킨 것도 옳지 않은 것 같아요."

"그렇지. 그게 신라의 삼한 통일이 가진 한계야. 그러나 대동강 이남 지역이나마 민족이 하나가 되었다는 것과, 그럼으로써 우리 민족 문화가 하나로 녹아 들어 합쳐졌다는 건 의미 있는 일이야. 자, 오늘은 여기까지 할까?"

"쌤, 정말 중요한 걸 빼먹으셨어요."

마토가 태블릿 컴퓨터 등 공부한 자료를 챙기는 빡쌤을 잡았다.

"뭘?"

"오늘 수업의 우승자를 가려서 상을 주셔야죠."

"아 참, 그렇지! 일단 상품이 뭔지 알아야겠지? 마토는 아까부터 알고 있었던 것

말을 탄 김유신 동상
삼국을 통일하는 데 큰 업적을 남긴 김유신은 신라에 투항한 금관가야 구형왕의 증손자야.

삼국을 통일한 최후의 승자, 신라

같은데 한번 맞춰 볼래?"

"단팥빵이요."

마토가 자신 있게 대답했다. 그러자 빡쌤이 보자기 속 상자를 열었다.

"비슷했어. 이건 경주빵이라고 하는 경주 특산물이야. 경주로 답사 갔을 때 사 온 거야."

아이들은 상자 안에 가지런히 놓인 경주빵을 보자 군침을 흘렸다.

"쌤 그럼 어서 오늘의 우승자를 가려 주세요."

"알았어. 오늘의 우승자는?"

"오늘의 우승자는?"

빡쌤이 뜸을 들이자 아이들은 경주빵을 먹고 싶어 안달이 났다.

"오늘의 우승자는 우리 모두야. 오늘 우리 모두 흥부가 박을 타듯 박자가 아주 잘 맞지 않았니?"

빡쌤은 경주빵을 아이들에게 두 개씩 나눠 주었다. 아이들은 단팥이 듬뿍 든 경주빵을 맛있게 먹었다.

"쌤, 저희도 경주에 가 보고 싶어요."

마토가 어느새 경주빵 두 개를 다 먹고 손가락에 묻은 팥고물을 빨았다. 마토는 현지에 가서 경주빵을 마음껏 먹고 싶었다.

"경주는 너무 멀어서 어려울 것 같은데……."

빡쌤이 난감한 표정을 지을 때 꿈틀의 현관문이 벌컥 열렸다.

"어렵긴 뭐가 어려워? 우리 경주 가자!"

빡쌤과 아이들의 시선이 현관으로 쏠렸다. 거기서 자동차 열쇠를 흔들며 센터장 민주식 선생님이 웃고 있었다.

밑줄 쫙!  은지의 한국사 노트

✿ 신라의 삼국 통일 과정은 다음과 같다.
□□ 동맹 결성 → □□ 멸망 → □□□ 멸망 → □□□ 싸움과 □□□ 싸움으로 당나라를 물리침 → 삼국 통일
표류자기, 유소성, 근두정, 세메기

✿ 신라를 세운 사람은 □□□□인데 고구려의 주몽이나 가야의 김수로처럼 □에서 태어났다고 전해진다.
알, 박혁거세

✿ 신라의 전성기는 6세기 □□□ 때다.
진흥왕

✿ 진흥왕은 □□ 유역을 차지하고 중국과 바다를 통해 직접 교류했다.
한강

✿ □□□은 청소년 수양 단체인 □□□를 국가적인 조직으로 만들어 인재를 길러 냈다.
진흥왕, 화랑도

✿ 신라의 삼국 통일은 우리 민족 최초의 통일이라는 데 역사적 의의가 있다. 하지만 통일 뒤의 영토가 통일 전보다 축소되어 □□□ 이남까지만 통일 신라의 영토가 되었다는 한계가 있다.
대동강